読むだけで人間力が高まる88話

「ニューモラル」仕事と生き方研究会 編

モラロジー道徳教育財団

はじめに

「人間力」という言葉を聞いて、皆さんはどんなことを思い浮かべますか？

・いつも穏やかで話しやすい人
・一緒にいて心地よい人
・自分をもっている人
・逆境にくじけない人
・視野が広く、周りを感化する力のある人

ひと言でいえば、人間力の高い人とは「安心を自ら創造できる人」と言えるでしょう。

想定外の出来事が次々と起こり、先行きが見通しにくい今、多くの人が漠然とした「不安」を抱えながら生きています。そうした中で、何も気にかかることがなく、心安らかにいられる時間がどれだけもてるか。「安心」が人生の質を左右する時代です。

家庭でも職場でも、そして地域社会の中でも、周囲に不安を感じさせる人は敬遠され、やがて孤立していきます。反対に、いつも安心を与える人は慕われ、信頼され、苦境の時には多くの応援を得ます。

自分にも周囲にも〝安心〟を与える生き方――。

「そんなものは一部のゆとりある成功者だけが追い求めるもので、自分には関係ない」

そう思う方が多いのかもしれません。

確かに「人間力」とか「安心」という言葉は、ふだんの仕事や生活の中であまり使わない言葉だけに、現実味のない、雲をつかむような話と感じてしまいがちです。

しかし、それは実にもったいない考え方といえます。

「人間力」は立場や役職、年齢に関係なく、自分らしい心穏やかな人生を送りたいと願う、すべての人に必要不可欠な力です。

仕事も人生も、とかく自分の思い通りには運ばないものです。その原因を他に求めてばかりいると、人間関係が荒れ、心も荒んでいきます。思い通りにいかない現実をどのように受け止めていくか——。同じような環境の中にあっても視野が広く、みんなに慕われ、心穏やかな人生を送れている人は、間違いなく「人間力」の高い人です。

人間力の高い人は、何か特別で難しいことにチャレンジし続けなくとも、一日の中に〝心穏やか〟になれる時間を意識してつくっています。そして、その時間を少しずつ増やしていくこと。そうした小さな実践の重ねが、やがて大きな差を生みます。

本書は、そうした実践のためのツールです。読むだけで乱れかけた心をチューニングできる一話完結の話材が八十八編。必ずしも頭から順に読み進める必要はありません。人間力を高める小さな実践をまずは始めてみませんか。
『読むだけで人間力が高まる一〇〇話』とあわせてご活用ください。

「ニューモラル」仕事と生き方研究会

目次

第2章 関係性をつくる

第3章　共に生きる

第4章　未来をつくる

本文イラストレーション／鈴木千尋

第1章

自分をつくる

丁寧に生きる

知っている人は知っている人間力の高め方とは

日々、どのような心をはたらかせて生きていくか。その一瞬一瞬の積み重ねが、私たちの人生をつくり上げていきます。

私たちの心は、プラスにもマイナスにもはたらきます。だからこそ「心の生活習慣」をプラスに向けるように心がけ、毎日の小さな言動の中に表していきたいものです。

「明るい挨拶をする」

「温かい言葉をかける」

「気持ちよく掃除をする」

「進んで履物《はきもの》をそろえる」

「優しい気持ちで人に接する」等……

すべてを「心の問題」としてとらえるなら、その気になりさえすれば、いつでもどこでも実践できます。

自分にできる小さなこと、今すぐできることを通して「心の生活習慣」をプラスに向けていけば、きっと自分の心の中に喜びが生まれ、その明るく温かい気持ちは周囲にも広がっていくのではないでしょうか。

感謝や思いやりの心で人に接することを日々心がけていったなら、自分自身が心穏やかでいられるだけでなく、人間関係も円満なものになるでしょう。その小さな心づかいの積み重ねは、自分の人間的な成長にもつながっていきます。また、一人ひとりのそうした努力は、やがて社会全体がよりよく変わっていく力をも生むのではないでしょうか。

心のチェックリスト

あなたはどれだけできていますか

皆さんは今日、どのような一日を送られたでしょうか。また、明日はどんな一日にしたいと思われますか。

身の回りで起こる出来事のすべてが、喜びや安心、満足につながるものであったなら、それに越したことはありません。ところが実際には、不安や不満がわき起こってくることも少なくないのではないでしょうか。その状況から逃れることができないとしたら、まず考えるべきことは、「今」を大切に生きようとする心の姿勢ではないでしょうか。ごく小さなことから「心の訓練」を始めてみましょう。

〈心のチェックリスト〉

●**朝の「おはよう」を気持ちよく**　今朝も無事に目が覚めた。それだけでも、ありがたいことなのかもしれません。その喜びを味わいつつ「おはよう」を言えば、心は晴れ晴れとして、元気がわいてくるのではないでしょうか。

●**一日一つ「ありがたいこと」を発見する**　身の回りにある「今までなんとも思わなかったけれど、よくよく考えるとありがたい」と思える物事を発見していきましょう。一日に一つ、感謝の種を見つけていきませんか。

●**心からの「ありがとう」を伝える**　「ありがたいこと」を見つけたら、素直に感謝の気持ちを伝えましょう。「ありがとう」が飛び交う日常生活の場は、笑顔に満ちていくでしょう。

●**鏡の前での「笑顔の訓練」**　朝、顔を洗ったら「とびきりの笑顔」を鏡に映してみましょう。これを習慣づけることで、誰かを和ませることができるような、柔らかな笑顔が身についていくのではないでしょうか。

●**「いただきます」「ごちそうさま」に感謝を込めて**　野菜や魚、肉といった食物は、自然の恵みによって得られるもの。食事の際は、そうしたことへの感謝も込めて「いただきます」や「ごちそうさま」を言いたいものです。

自分という「作品」をつくる

なぜ、あの人は生涯現役でいられるのか

大人としての生き方を考えること――いくつになっても人間として成長し続けることができたなら、私たちの人生はどんなに素晴らしいものになるでしょうか。

しかし、私たちはよりよい生き方をしたいと願いながらも、年を重ねるほどに心が凝り固まっていく面もあるようです。次に紹介するのは、税理士・経営コンサルタントとして活躍される池田繁美《いけだしげみ》さんのお話です。

若い頃の池田さんは、苦労と努力の末に難関の税理士試験に合格し、精力的に仕事に取り組む一方で、短気な性格が災いして周囲と衝突することが多く、家庭にも職場にも波風が絶えなかったといいます。そうして自分自身も苦しみ抜いた末に、あるときふと、こんなことに気づいたというのです。

――「個性」だと思っていたのは、実は単なる「未熟さ」である。「自分らしい」と感じていた性格は、自分自身を痛めつけ、周りの人にも不快さを与えるキズでしかない。

「自分が、自分が」と我《が》を張り、固い固い心のシコリをつくってしまっている。それが波風の源である。

このとき、池田さんは四十歳。「人生をやり直すには、自分を変える以外にない」という覚悟のもと、生まれたときは持っていたはずの「素直さ」を取り戻そうと心に決めたとき、人生が大きく変わり始めたということです（参考＝池田繁美著『素直な心に花が咲く』モラロジー道徳教育財団刊）。

池田さんはさらに、次のようにも述べています。

――人間は、一人ひとりが一つの「作品」である。しかしながら、社会の中で、あるいは家庭や職場という場所で、誰もが未完成のままの展示となっている。芸術家が精魂込めて作品を仕上げるように、私たちも「自分」という制作中の作品を完成させていかなければならない。他の誰でもない、自分自身の手で。

その過程が、人生そのものに違いない。（前掲書）

逆境を乗り越えるヒント

問題が起きるほど成長する人の考え方とは

人生を送るうえでは、必ずいろいろな問題に直面するものです。そこには、無意識のうちに招いてしまった問題も、自分には直接責任のない問題もあるでしょう。しかし、いずれにしても、私たちは時間をさかのぼって人生をやり直すことはできません。また、他の人に自分の境遇を代わってもらうこともできません。

自分の身に降りかかる出来事をしっかりと受け止めて、自分自身の人生を切り開いていくためには、どのように考えたらよいのでしょうか。

「問題に直面した」という事実が変えられないのであれば、文句や愚痴《ぐち》を言うのではなく、むしろその問題を主体的に受け止め、前向きな気持ちで事態の改善に取り組みたいものです。

日々の生活の中にある一つ一つの物事を「当たり前」と考えると、それが欠けたときには不満を生じやすいものです。しかし、「すべての物事に感謝する」という基本姿勢があれば、「今の生活があるのは、いろいろな人のおかげ」というように、「当たり前の中にある有り難さ」にも気づくことができるでしょう。

思いがけない困難や不運をも「自分の人生を好転させるきっかけ」として、感謝の心で受け止める人は、いかなる逆境にあっても力強く生き抜くことができるでしょう。

そのような歩みを続けていったなら、時間を経て、冷静に振り返った際に「あの出来事があったからこそ、今の自分がある」と思えるときが来るのではないでしょうか。

ゆとりある人は慕われる

「できる人」と「できた人」の違いとは

職場の中で、よく見ていると、いつも人から慕《した》われる人と、なんとなく人の寄りつかない人がいます。

慕われる人というのは、その人と話をすると何かが得られる、心が洗われるようですっきりする、勇気づけられる、だからまた話をしたくなる、相談にものってほしい……、このように周りの人たちに思わせる人だと思います。

こういう雰囲気をもった人になるには、忙しくても自分を見失わず、心のゆとり、落ち着きがなくてはならないのではないでしょうか。

一方、周りの人たちが話しかけても、相手になろうとせず、周りにイライラをばらまくような人は、視野も狭く話題に乏しいので教えられるものがない、おもしろくないということで、人から敬遠されてしまいます。

ノートルダム清心学園理事長を務めた渡辺和子さんは、著書『美しい人に』（ＰＨＰ研究所）の中で「ほんとうに忙しい人と話しているのに、その人が、私以外に用事がないかのように耳を傾けてくださったり、話をしてくださるとき、心にほのぼのとあたたかいものを感じます」と語っています。

よく人を評して「彼はできる人だ」などと言いますが、心のゆとりがある人は、できる人より「できた人」だと言えるでしょう。職場では、もちろん仕事もできて人柄もよいのが一番ですが、仕事の「できる人」の中には、ややもすると上から目線になりやすく、仕事や人間関係がうまくいかない場合が少なくありません。

仕事さえできればよいというのではなく、常に周りの人に思いやりの心で接していく、相手の立場に立って考える謙虚さを失わない、こうしたゆとりをもつことが、いつも人から慕われる「できた人」になるための大切な条件の一つと言えるでしょう。

「よい加減」の人になる

自分らしく人生を楽しむ秘訣とは

人生は選択の連続です。日々、大小さまざまな選択をした結果が「今のこの道」につながっているのでしょう。

数年来、地域の里山保全活動に参加してきた陽子さん（45歳）は最近、活動から足が遠のいています。活動に関わるようになったきっかけは、子供たちが通う小学校を通じて「生き物観察や農業などの体験学習ができる場」として紹介を受けたことでした。ところが最近は、仕事の都合もあって、週末の行事にも参加できないことが増えてきたのです。地域社会に貢献する活動のために集っている人たちに惹《ひ》かれ、〝自分も少しでもお役に立てたら〟という気持ちでいたはずなのに、今の自分は「時間がない」などと言ってばかり。そんなジレンマの中で、いつしか陽子さんは〝中途半端なままでは皆さんにも迷惑をかけてしまうし、活動から完全に身を引いた方がいいのかも……〟と考えるようになっていきました。

そんな、ある日曜日。久しぶりに顔を合わせた先輩の高山さん（68歳）に「なかなかお手伝いができなくて、申し訳ありません」と言うと、高山さんはほほ笑んで、こんな話を聞かせてくれました。「こういう有志の活動が長く続いていくためには、『組織のために一生懸命働く人』が十人集まることも重要だけれど、それだけではなくて『よい加減の人』がたくさん集まってくれることも大切だと、私は思うのよ。『よい加減』な人が大勢いたら、一生懸命な人も仕事がしやすくなるはずだし、みんなもきっと楽しく過ごせるでしょうね」

それを聞いて、陽子さんは目の前が明るくなった気持ちになりました。

必ずしも「自分が最も望ましいと思っていた道」ばかりでなくとも、後ろを向いて悔《く》やむばかりでなく、「今のこの道」に意味を見いだして、前向きに歩み続けることができるか否かは、自分自身の心次第です。

ツイている人の考え方

運のいい人がひそかにしている心の習慣とは

もしも朝から晩まで、すべてのことが自分の思うように運んだとしたら、きっとこう思うでしょう。「今日はツイてるぞ」。

しかし実際は、そんな日ばかりではありません。

人生には「ツイていないこと」も「ツイていること」も、入れ替わりながらやってくるものです。思いどおりにいかないことは、誰にでもあります。では、自分のやりたいことができ、やりたくないことをしなくていい一日が「運のいい日」なのでしょうか。

中学二年生のSくんは、三学期からクラスの美化委員となりました。「教室や学校の周りの掃除なんて、面倒なことを押し付けられてツイてないな」。イヤイヤながら教室内の様子に目を配り始めると「後ろの棚の荷物、みんなで気をつければ棚から飛び出なくてきれいなのにな」とか「本棚が壊れそうだから、自分たちで直せるかどうか、図書委員に相談してみよう」など、いろいろなことを考えるようになりました。そして仲間と話し合いながら委員の仕事に取り組むうちに、みんなも少しずつ意見をくれるようになったのです。

いつしかSくんにとって委員の活動は「損なこと」でも「ツイていないこと」でもなくなっていきました。Sくんが「委員の活動の受け止め方」を少し変えたことで、「ツイていないこと」が「ちょっと楽しみなこと」や「やりがいのあること」に変わり始めたからではないでしょうか。

「ツイてないな」「損ばかりだな」「面倒だな」と思えば思うほど、心は重く、後ろ向きになっていくものです。そんなときは、自分を見つめ直すチャンスととらえてみてはどうでしょうか。「自分のことだけ」から卒業して、広く大きな視点から物事を見つめ直していく。そうした心の習慣が「ツイている」と思える毎日をつくっていくのかもしれません。

磨くほどに見えてくるもの

人はなぜ掃除をすると成長するのか

Kさんの会社では、中堅・若手の社員が毎朝、順番でトイレ掃除を行うことになっていて、Kさんもひと月に数回は当番に当たります。

掃除の方法は人それぞれです。時間をかけて丁寧に行う人もいれば、便器を軽く磨くだけの人もいます。Kさんは後者のタイプでした。早く片付けて仕事に取りかかろうという気持ちと、どこかに〝自分だけが一生懸命にやっても、特別きれいにはならない〟という思いがあったからでした。

ある日、Kさんが出社早々にトイレに行くと、後輩のTさんが洗面台の下に潜り込んで、熱心に磨いていました。そんな場所を磨くなど考えてもみなかったKさんは、思わず声をかけます。

「おはよう。いつもそこまで磨くの?」

「ええ。洗面台の下まで磨くと、〝やり切った〟という気持ちになるんですよ」

見れば、便器も床もKさんが当番のときと比べて、格段にきれいになっているように感じます。Tさんは照れくさそうに言います。

「前からこうだったわけじゃないんですよ。あるとき便器の汚れが気になって、時間をかけて何度も同じ場所を磨いたら、すごくきれいになった気がしたんです。床も洗面台も磨けば磨いただけきれいになるし、それがおもしろくなると掃除も苦にならないから、不思議ですね」

これを機に、Kさんの掃除に対する意識も徐々に変わっていったのでした。

〝少しでもきれいに〟という思いで会社のトイレ掃除を続けるうちに、達成感のようなものを感じ始めたKさん。最近では暇を見つけては、自宅のトイレや洗面台もせっせと磨いているようです。

「継続は力なり」というように、目標を持ち、それに向かってこつこつと努力を続けることは、自分自身に力を与えてくれます。

「平凡」の積み重ね

誰でもできる平凡なことから徹底しませんか

「掃除を通して心を磨く」を理念に全国で活動する「日本を美しくする会」は鍵山秀三郎さん（株）イエローハット創業者）の提唱により始まったものです。

半世紀ほど前、鍵山さんが会社を興したころは、高度経済成長と反比例するかのように日本人の心が荒《すさ》んでいった時代だったといいます。その中で、社員の心をどうしたら少しでも穏やかにできるかと考えた結果が、「身近な場所をきれいにすること」でした。人は日ごろ見ているもの、接しているものに心が似てくるはず。そんな思いから、鍵山さんは社内やその周辺の掃除を始めたのです。

「あなたのやっていることは、ざるで水をすくうようなものだ」と言われても、こつこつと続けた鍵山さん。やがて社員も一緒に取り組むようになり、よそから掃除の指導を頼まれるようになりました。鍵山さんは次のように振り返ります。

——私がいままで歩いてきた人生をひと言で表現すると、「凡事徹底《ぼんじてってい》」、つまり「誰にでもできる平凡なことを、誰にもできないくらい徹底して続けてきた」ということに尽きます。人が見過ごしたり、見逃したり、見捨てたりしたものをひとつひとつ拾い上げ、価値を見出す。やれば誰でもできる平凡なことを徹底して、そのなかで差をつける。そんな信念を持って、今まで生きてきました。

ともすると人間は、平凡なことはバカにしたり、軽くあしらいがちです。難しくて特別なことをしなければ、成果が上がらないように思い込んでいる人が多くいます。そんなことは決してありません。世の中のことは、平凡の積み重ねが非凡を招くようになっています。（『ひとつ拾えば、ひとつだけきれいになる』ＰＨＰ研究所）

鍵山さんは「ざるで水をすくっても、必ず二滴か三滴はたまる。それを繰り返しているうちに、バケツにいっぱいになり、たらいにいっぱいになる」と言います。こうした思いで続けてきた活動が、多くの人の心を動かしているのです。

打つこころあれば打たるる世の中よ

反対させる原因はどこにある？

成田山新勝寺《しんしょうじ》は、江戸末期に、疲弊した六百五の町や村を復興させた篤農家《とくのうか》・二宮金《にのみやきん》次郎《じろう》（のち尊徳、一七八七～一八五六年）が、四十三歳の時に断食《だんじき》修行をした寺としても知られています。

当時、金次郎は、小田原藩主から、その分家の領地・野州桜町《やしゅうさくらまち》（現在の栃木県二宮町）の復興を命じられて全精力を傾けていました。しかし、金次郎の復興についての考え方や方法は、藩の役人や土地の人々にとってはなじみがなく、なかなか理解されません。ある役人は反発を通りこし、復興を妨害するありさまでした。道のりは険《けわ》しく、遅々として進みません。思い悩んだ金次郎は、突然姿を消します。

金次郎にはどんな妨害があろうとも、自分に強い信念があれば何でもないのではないか、そう思えないのは自分に不動心《ふどうしん》が欠けているからではないのか、という思いがありました。そこで成田山新勝寺、いわゆる「成田のお不動さん」にこもり、三週間の断食修行に挑んだのです。その中で、次のような気づきを得ました。

——世の中には、善悪、貧富、男女、夫婦、老若、苦楽、生死など、互いに対立し、対照となっているものが無数にある。同じ刃物でも、木を削るときは切れなくて困ると思うが、指を怪我したときは、切れないほうがよかったと思う。このように禍福、幸災など、互いに対立するものがある。いずれも、一つの円を思い描けば、その半分ずつが対称になっている。世の中のことは何ごとも、それに対する別の半円と合わせて、一つの円、つまり全体となる。

自分は、今まで復興を妨害するものは悪人であると思って疑わなかった。しかし反対者が出るということは、反対させる原因が自分のほうにもあることに気づいた……。金次郎は、自分の気づきを次のような歌で表しています。

打つこころ あれば打たるる 世の中よ　打たぬこころの 打たるるは無し

（参考＝三戸岡道夫著『二宮金次郎の一生』栄光出版社）

熱心さの弊害

人間関係がうまくいかない人の残念な習慣とは

営業部の主任のTさんは、部内でも一目置かれる存在。上司の評価も高く、やがて〝自分は人一倍頑張っている〟と自負するようになりました。ところが時々、同僚や部下から煙たがられているように感じることもありました。よかれと思って述べた意見を素直に受け入れてもらえないとイラ立ってしまうのです。

〝自分は一生懸命やっている。それに比べて彼は……〟

〝私の意見を聞かないのは、仕事に対する意欲が低いからだ……〟

そんなある日、Tさんが残業をしていると、部長から話しかけられました。

「Tさんはよくやってくれて、本当に助かっているよ」

「あっ、ありがとうございます」

思わず立ち上がったTさん。内心は〝自分のやっていることに間違いはなかった〟という思いです。すると、部長は続けて言いました。

「きみが営業成績を上げてくれていることは、よく分かっている。ただ、あまり無理をすると、自分が参ってしまうぞ。『熱心の弊《へい》』ということもあるしね」

「熱心の弊……？」

「熱心の弊」とは、総合人間学モラロジー（道徳科学）の創建者・廣池千九郎《ひろいけちくろう》（法学博士、一八六六〜一九三八）が、みずからの日記に残した言葉です。一般に「熱心」「真面目」「一生懸命」などは美徳とされますが「熱心さも度を越すと、弊害が生じる」というのです。

人は物事に熱心に取り組んでいるときほど、他人が自分より熱心ではないように見えて、その相手を責めたり、とがめたりする気持ちになりやすいものです。

部長からこの話を聞いたとき、Tさんはハッとしました。〝自分はよくやっている〟と自負するあまり、歩調の異なる人に対して〝いい加減な人だ〟〝頼りにならない〟などと、心の中で非難していたことに気づかされたのです。

心を変える言葉の力

どんな言葉を自分に聞かせていますか

私たちの生活の中では、すべて自分の思うように事が運ぶとは限りません。時には、不運と思える出来事が次から次へとやってきて、〝どうして自分だけがこんな思いをしなければならないのか〟と感じることもあるでしょう。そんなとき、どのようにしてその状況を乗り切ればよいのでしょうか。

その手がかりが、講演録『ツキを呼ぶ魔法の言葉』（とやの健康ヴィレッジ刊）がベストセラーとなった五日市《いつかいち》剛《つよし》さんのお話の中にあります。

五日市さんは、学生時代に旅先のイスラエルで偶然出会ったおばあさんから教わった「ツキを呼び込む魔法の言葉」について紹介しています。

・いやなことが起こったら「ありがとう」

・うれしいとき、楽しいときには「感謝します」

この二つのありふれた言葉が、折に触れて自分自身につぶやくことで、「魔法の言葉」

になるということです。五日市さんは言います。
「ピンチやいやな出来事に感謝して呼吸を整えていくと、不思議とそれ以上、いやな気分にはなりません。なぜかいい知恵がわいてきやすくなりますし、次の一手が浮かぶことも。それをタイムリーに行動に移すと、どんなことでも意外と簡単に乗り越えられるようになるものです。難題そのものに感謝して乗り越えると、それは大きな自信になります。するとと精神的にも成長でき、同じミスは犯さなくなります。だから、難が有ることは、文字どおり『有り難い』わけです」

（参考＝五日市剛著『なぜ、感謝するとうまくいくのか』マキノ出版刊）

私たちは、いやな出来事に直面すると、心の中が「いやな思い」で満たされてしまいます。そんな思いを抱いたまま次の行動に移ると、うまくいかないことも多いでしょう。そこであえて「ありがとう」という感謝の言葉を口にすることで、自分自身の心を前向きに転じるきっかけがつかめるのではないでしょうか。

持ち味を生かす

人はなぜ勉強をするのか

「勉強するのはなんのため？」「学校で今教わっていることは、将来どんなふうに役立つのだろう？」大人として、仮に親や教師の立場であったなら、子供たちからこうした疑問を投げかけられたとき、どのように答えるでしょうか。

人はなぜ勉強するのか。この切実な問題と正面から向き合った本があります。青少年の教育に長年携わってきた岩橋文吉《いわはしぶんきち》さん（九州大学名誉教授、一九一六〜二〇一〇）は、この問題について考えるにあたり、まず次のように語りかけます。

——あなたに信じてほしいことがあります。それは、あなたには他の人にはない独特の尊い持ち味が与えられている、ということです。（中略）尊いというのは優れているということとは違います。他人と比較して優れているとか劣っているとかの優劣の比較を超えて、それ自体がかけがえのない尊さなのです。このようなかけがえのない尊い持ち味を見つけ出して、それを一〇〇パーセント発揮して自己実現の喜びを味わう人生、それが幸福

な人生ではないでしょうか。（『人はなぜ勉強するのか―千秋の人 吉田松陰』モラロジー道徳教育財団刊）

この授かった尊い「持ち味」を見つけ出すことが「勉強」であるというのです。その第一歩は、学校での各教科の学習に全力を挙げて取り組んでみること。そうすることで、自分の得意分野や興味・関心のある分野が分かってくるからだといいます。続いてその分野を鍛え、自分の持ち味をさらに高める努力をすることも勉強です。また、家庭や学校をはじめとする集団の中で、持ち味を発揮しつつ「公のために何ができるか」という点を追求していくことも、大切な勉強です。

こうして生きがいのある人生をデザインすることが「立志」であり、これこそが「人はなぜ勉強するのか」という問いに対する基本的な答えではないでしょうか。

あなたは、どう考えますか。

面倒だから、しよう

よりよき生き方をめざす「心の輝き」

「めんどくさい（面倒くさい）」。日ごろ、こんな言葉を口にすることはないでしょうか。誰でも〝面倒なことは、できるだけ避けたい〟〝手間は極力省きたい〟〝楽ができるなら、それに越したことはない〟と思うことでしょう。しかし、そうしてばかりいると、努力すること、耐えること、踏ん張ることが難しくなり、いつしか向上心も失ってしまうのではないでしょうか。

ノートルダム清心学園理事長を務めた渡辺和子《わたなべかずこ》さん（一九二七～二〇一六）は、著書の中で、大学教授時代に出会った学生の話を紹介しています。

――学期末テストの監督をしていた私は、一人の四年生が席を立ち上がってから、また何か思い直して座る姿に気付きました。九十分テストでしたが、六十分経ったら、書き終えた人は退席してよいことになっていたのです。

座り直したこの学生は、やおらティッシュを取り出すと、自分の机の上の、消しゴムのカスを集めてティッシュに収め、再び立ち上がって目礼をしてから教室を出て行きました。私は教壇を降り、その人の答案に書かれた名前を確かめたように覚えています。嬉しかったのです。ちょうどその頃（今もそうですが）、教えている学生たちと、「面倒だからしよう」という、ちょっとおかしな日本語を合言葉にしており、この四年生は、それを実行してくれたのでした。（中略）

消しゴムのカスをそのままにしておくのも、片づけて席を立つのも、本人の自由です。しかし、よりよい選択ができる人たちを育てたい。安易に流れやすい自分と絶えず闘い、面倒でもする人、倒れてもまた起き上がって生きてゆく人を育てたいのです。（参照＝渡辺和子著『面倒だから、しよう』幻冬舎刊）

渡辺さんは、単に「消しゴムのカスを集める」という、形としての行為のみを賞賛したのではないでしょう。その小さな行為の中に、よりよい生き方をめざそうとする「心の輝き」を見たからではないでしょうか。

だれでも持っている能力

「幸せを感じる能力」を高めていますか

私たちは、だれでも幸せを感じる能力を持っています。同時に、不安や不足を感じる心も持っています。幸せを感じる能力をじょうずに使う努力や、それを伸ばす努力をしなければ、知らず知らずの間に、不幸や不足を感じる心がだんだんと心全体を支配してしまうことになりかねません。

ヘルマン・ホイヴェルス神父（元上智大学学長）は、ニューヨーク大学のリハビリテーション研究所の壁に刻まれていた言葉を紹介しています。

大事をなそうとして　力を与えてほしいと神に求めたのに
つつしみ深く従順であるようにと　弱さを与えられた
より偉大なことができるようにと　健康を求めたのに
より良きことができるようにと　病弱が与えられた

幸せになろうとして　富を求めたのに
賢明であるようにと　貧困を授かった
世の人々の賞賛を得ようとして　権力を求めたのに
神の前にひざまずくようにと　弱さを授かった
人生を享楽しようとして　あらゆるものを求めたのに
あらゆるものを喜べるようにと　生命を授かった
求めたものは一つとして与えられなかったが
願いはすべて聞きとどけられた
神の意に添わぬ者であるにもかかわらず
心の言い表せない祈りはすべて叶えられた
私はあらゆる人生の中で　もっとも豊かに祝福されたのだ

私たちは、この賢人の言葉から人間として大切なものを学ぶことができるのではないでしょうか。

#「認めてほしい」を越えて

童話「ごんぎつね」をどう読み解きますか

新美南吉《にいみなんきち》（一九一三〜一九四三）が昭和七年に発表した『ごん狐』は教科書に長年取り上げられており国民的な童話といえます。あらすじは次の通りです。

一人ぼっちのこぎつね「ごん」は、いつも辺りの村へ出てきては、いたずらばかりしていました。あるとき、村人の兵十が母親を亡くして自分と同じ一人ぼっちになったことを知ると、ごんは前に兵十が母親のために捕まえたうなぎをとってきたことを後悔し、栗やまつたけをこっそり差し入れるようになります。それを知らない兵十は、「きっとそれは神様のしわざだ」という友人の言葉を信じているようです。そのやり取りを聞いたごんは、面白くない気持ちになります。

ごんはその次の日も兵十の家へ差し入れに行くのですが、ごんの姿を見た兵十は、いたずらをしに来たのだと思い込み、火縄銃で撃ってしまいます。

最後のシーンで、兵十は栗やまつたけをくれたのがごんであったことに気づいて、こう言います。「ごん、お前だったのか。いつも栗をくれたのは」。ごんは、ぐったりと目をつぶったまま、うなずきました。

実はこの物語は、新美南吉の手による草稿と、現在一般に知られる本文との間で、いくつか異なる点があります。児童雑誌「赤い鳥」に掲載される際、子供に分かりやすいよう編集者の手で書き換えられたためといわれます。草稿では、最後に兵十の言葉を聞いたごんの反応は、次のようなものだったといいます。

ごん狐は、ぐったりなったまま、うれしくなりました。ごんは銃で撃たれても、自分が差し入れをした張本人だということを兵十に知ってもらえて「うれしかった」のです。（参考＝府川源一郎『「ごんぎつね」をめぐる謎』教育出版ほか）

あなたが「よいこと」をしようとするとき、それが「自分のやっていることだと気づかれない」としても、やり続けることはできるでしょうか。

人生百年時代を生き抜く知恵

あなたの人生に戦略はありますか

令和二年、全国の百歳以上の人口がはじめて八万人を超えました。それも千人を超えたのは昭和五十六年、一万人を超えたのは平成十年だったということですから大変な変化です。人生が長くなればなるほど「年を重ねてからの生き方」が問われるようになります。

「百歳まで生きることを前提にした人生設計を準備しよう」ということを、早くから提唱してきた社会教育家の田中真澄《たなかますみ》さんは、次の三つの柱から成る「人生戦略」の重要性を説いています。

一、人生理念（＝生きる目的）を常に自覚し続ける
二、目的を実現するための具体的な自己目標を設定する
三、目標達成のための自己資源（時間・言葉・心）の有効活用を心がける

「生きる目的」や「自己目標」とは、長寿時代を迎えた今こそ重要性が増しているのでし

ょう。田中さんはこう述べています。

「個人の生涯が六十歳前後で終わっていた時代は、働いている間は、勤め先から与えられた他者目標に身を任せ、定年後は無目標のまま悠々自適でのんびり生きることが当たり前でした。しかし、今や誰もが百歳まで生きる可能性を持つ時代になったのですから、定年後の四十年近い人生をどう生きるかの自己目標を明確に持たねばなりません」

定年後をいきいきと過ごす秘訣として、田中さんは「老後も自分の好きな仕事をすること」を提案します。それこそが「心身ともに健康を保つ方法であり、社会貢献にもなる」ということです。（参考＝『田中真澄のいきいき人生戦略』モラロジー道徳教育財団刊）

心を省みる赤い毬・白い毬

人間が大きな人の小さな習慣とは

昔の小学校の修身書——今でいう道徳の教科書に、次のような話があります。

江戸時代、儒学者《じゅがくしゃ》であり医師でもあった滝鶴台《たきかくだい》（一七〇九〜一七七三）という人がいました。これは、その妻の「日常の心がけ」に関する逸話です。

ある日のこと、妻の着物のたもとから、ふとした拍子に赤い毬《まり》がこぼれ落ちました。それを見た鶴台は、こう思ったのではないでしょうか。

〝毬だなんて、子供のおもちゃのようなものを、なぜ妻は大事に持ち歩いているのか〟。鶴台が「それは何か」と尋ねると、妻は顔を赤くして、こう言いました。

「私は日々、過ちを犯して後悔することが多いのです。そういうことを少なくしたいと思って赤い毬と白い毬をつくり、たもとに入れておくことにしました。

悪い心が起こったときは、赤い毬に赤い糸を巻き添えます。よい心が起こったときは、白い毬に白い糸を巻きます。初めのうちは赤い毬ばかりが大きくなりましたが、気をつけていくと、やっと二つの毬が同じくらいになりました。けれども、まだ白い毬が赤い毬より大きくならないことを恥ずかしく思っているのです」

鶴台の妻が言った「よい心」と「悪い心」について、修身書では具体的に説明されていません。しかし想像してみるとどうでしょうか。

例えば「ありがたい」という感謝の気持ちを持つこと。日常に起こる出来事を肯定的に受け止めること。生活の中に喜びや楽しみを見いだすこと……。そんなプラスの心のはたらきは、「よい心」ということができるでしょう。その反対に、イライラしてしまったときや、不満や怒り、恨みなどのマイナスの感情がわいてきたとき、鶴台の妻は赤い毬に糸を巻いていたのかもしれません。

小さなイライラも、積み重なれば大きなストレスになります。一方、プラスの心をはたらかせることを習慣にできたなら、喜びや楽しみを見いだすことが上手になり、自分自身の日常がますます明るいものになっていくはずです。

まさかの坂

不運で崩れる人、成長する人の差とは

長い人生、時には「まさか」という不運にみまわれることがあります。

それが自分の過失によって起こった問題であれば、〝次からは気をつけよう〟というように反省もできるでしょうし、改善の糸口もつかみやすいかもしれません。そうでない場合は〝なぜ自分がこんな目に遭わなければならないのか〟と嘆いたり、自暴自棄に陥ったりするかもしれません。〝こんなことになったのは、あの人のせいだ〟〝置かれた環境が悪いからだ〟というように、自分以外の何者かに責任を求めたくなることもあるでしょう。しかし、怒りに任せて他人に非難や攻撃を加えたりすれば、事態をますます悪化させることにもなりかねません。

思いがけない出来事を、私たちはどう受け止めたらよいのでしょうか。

ひとたび事が起こったなら、「それが起こる前の状態」には戻せません。過去の出来事を「なかったこと」にすることもできません。その自覚に立てば、「今の自分にできること」

を考えざるをえないのではないでしょうか。一つは「自分は今、その出来事をどのように受け止めるのか」ということ。もう一つは「自分は今、これからの人生を、どのように歩もうとしているのか」ということです。

「今、このとき」を大切に、今をよく生きていると思えるとき。それは制限のある状況下であったとしても、目標に向かって精いっぱいの努力をして、わずかずつでも前進していく自分を実感できたときではないでしょうか。

「問題に直面した」という事実が変えられないのであれば、愚痴や文句を言うのではなく、少しでも前向きな気持ちでその出来事を受け止め、「今の自分にできること」に努力したいものです。「あの出来事があったからこそ、今の自分がある」と思える未来は、そんな努力の先にこそ訪れる可能性があると言えるでしょう。

わたしがやらねば、だれがやる

不可能を可能にした芸術家の信念とは

平櫛倬太郎《ひらくしたくたろう》は、生涯の師・岡倉天心《おかくらてんしん》亡き後、号を「田中《でんちゅう》」と改め、師の教えを胸に木彫一筋の生涯を貫きます。

大正九年（一九二〇）、四十八歳のときに制作した「転生」は、田中が子供のころ耳にした伝説がもとになっています。それは「悪いことをすると鬼に喰《く》われるが、生ぬるい人間は鬼も気持ち悪くて吐き出してしまう」という話です。かっと開いた口から吐き出しているものは〝人間〟です。物事に対する生ぬるい姿勢、中途半端な生き方を戒めるこの作品は、田中自身への問いでもあるのでしょう。

大正十二年に発生した関東大震災に続き、同十五年に田中の長女・幾久代《きくよ》が肺結核で死亡、翌年には長男・俊郎《としお》が亡くなります。悲しみと貧困のどん底で生きる気力をなくした田中は、あがきもがきながら「転生」の前に立ち尽くします。

〝鬼の口から吐き出されている生ぬるい人間、それは誰だ〟と自問自答するうち、ふつふつとわいてくる不撓不屈《ふとうふくつ》の精神。悲しみを乗り越えて甦った田中は、新たな制作に邁進します。「木彫の味わいを落とす」と批判されてきた彩色表現への挑戦です。つくろうとしたのは二メートルを越える大作です。

やがて戦争が始まり、制作は中断します。その後、昭和二十三年に妻・花代に先立たれながらも、八十歳にして、ノミを握り締め、三メートルの原木に挑みます。気に入らなければ何度もやり直し、昭和三十三年、とうとうこの超大作を完成させるのです。「人間、考えただけではやったことにならない。〝いまやらねば、いつできる〟のか。そして〝わしがやらねば、だれがやる〟と、自分で覚悟すること、それが人間の努力を確実にするのです」と語った田中。好奇心と探究心、そして不屈の意志が、生涯現役の彫刻家魂を支えたと言えるでしょう。（参考＝井原市教育委員会編『平櫛田中』、原田純彦著『巧匠平櫛田中』ほか）

十メートル先を照らす光

目の前が真っ暗に思えた時の考え方とは

青少年の教育に長年携わってきた岩橋文吉さん（九州大学名誉教授、一九一六～二〇一〇）は、著書の中で、次のような話を紹介しています。

ある夜、学生の一人が不意に訪ねて来ました。話を聞くと、こういう相談でした。自分はすでに一年、大学の卒業を延期しているが、このまま社会に出てもやっていける自信がない。もう一年、卒業を延期したいが、親はどうしても卒業せよと言うので困り果てている、と。その学生が卒業を拒否する根底にあるものは、いわゆる「自分探し」をする中での自信喪失のようでした。

「目の前に真っ暗な闇が横たわっているようで、先へ進んで行けない」

そう訴えるのです。

そうこうするうちに、夜は更け、岩橋さんは「今夜はここまでにして明晩またいらっしゃい」と学生を見送りに外に出ました。そこに停めてあった自転車のライトを点灯すると、行く手の十メートルほどが照らし出されます。岩橋さんは訊《たず》ねました。

「君の自転車のライトは十メートルほどしか届かないね。その向こうには無限の闇が広がっているのに、なんの不安もなくこぎ出そうとしている。どうして自信たっぷりに出かけられるのか。目の前が闇で前に進めないと言ったではないか」

学生は黙ってライトの光を見つめています。岩橋さんは重ねて言いました。

「そうだよ君、君が自転車をこいで前進するからだよ。勇気を持って十メートル先を照らすライトの光を信じ、人生の闇に向かって前進だ。ただし自転車をこぐことをやめてはならないぞ」（参考＝岩橋文吉著『人はなぜ勉強するのか』）

全体の道のりからすれば十メートルというわずかな距離を照らす光を信じて、先へ先へと自転車をこぎ続ける。私たちの人生もそういうものなのでしょう。将来に対する不安を抱えながら、さらには日々、大小さまざまな問題に直面しながらも、今の自分にできる精いっぱいの努力をして、一歩ずつ前進していく。その先にこそ、道が開けていく可能性があるということではないでしょうか。

心で味わう時間の価値

なぜ、あの人の幸せ密度は高いのか

同じ一時間であっても、楽しく充実した気持ちで過ごしているときは短く感じられ、つまらないと思っているときは長く感じられるものです。

例えば学校の授業でも、仕事にかかわる研修でも、「楽しく積極的に聞いているとき」と「いやいや聞いているとき」とでは、内容の理解という点で大きな違いが生じることでしょう。また、まったく同じ場所で同じ体験をしても、ただ退屈な気持ちでその時間を過ごすだけの人と、ちょっとしたことにも喜びや楽しみを見いだすことができる人がいるようです。どんなときも積極的に喜びや楽しみを見いだせる人は、その時間を十分に味わうことができているのでしょう。

私たちが感じる「時間の価値」とは、時計で計れるだけのものではないようです。

忙しい生活の中でも、その時間を大切に味わおうとする心の姿勢を持ったとき、私たちの生活は今よりももっと楽しく、充実したものになっていく可能性があるのではないでしょうか。私たちが本当に充実した生活を送っていくためには、「時間のゆとり」という以上に「心のゆとり」を取り戻す必要があります。

私たちが「一緒にいると安心できる人」とは、どのような人でしょうか。「自分の存在を心から受け入れてくれる」「話をすると勇気づけられ、心がすっきりする。だから、また話をしたくなる」……そんなふうに感じられる人ではないかと思います。そうした人間的な魅力もまた、「心のゆとり」から生まれてくるものなのかもしれません。

まずは目の前にいる相手としっかり向き合い、相手を思いやり、相手を受け入れる「心のゆとり」が一人ひとりの中にあってこそ、そこにお互いの安心や喜びが生まれてくるのでしょう。

「せい」から「おかげ」へ

周りは冷たいと感じている人の残念な習慣

私たちの感情は、日々の出来事をどのような心で受け止めるかに左右されています。毎日の生活を喜びに満ちたものにするか、あるいは不満や苦しみの多いものにするかは、自分自身の心次第です。その「自分の心が受け止めたもの」に基づいて、心の中でさまざまな考えや感情が生まれ、それが言動に表されて周囲にも影響を及ぼしていきます。そこでまずは「物事の受け止め方」を、改めて意識したいものです。

私たちはつらく苦しい出来事に直面したとき、その原因を周囲の環境や他人に求めて「こんな状況のせいで、つらい思いをしなければならない」「あの人のせいで、自分が苦労しなければならない」といった言葉が心の中に浮かんでくることがあります。そうしたことを考えれば考えるほど、心は暗く、重くなります。

「せい」という言葉は、好ましくない結果を生じさせる原因・理由を指して「失敗を人のせいにする」「年のせいか物忘れがひどい」などという使い方をします。

これに対して「おかげ」という言葉を使うとき、「君のアドバイスのおかげで元気が出た」というように、多くは好ましい結果を生じさせる理由を表します。

もし「〇〇のせい」という言葉を口にしそうになったら「〇〇のおかげ」に置き換えてみると、どうでしょうか。きっと、後に続く言葉が変わるはずです。「この状況のおかげで、『当たり前の日常』のありがたさに気づくことができた」「あの人のおかげで、自分の至らない点に気づくことができた」というように。このように、どんな出来事、どんな状況をもプラスの心で受け止めることができたなら、心はいつも明るく穏やかで、人生を前向きに歩んでいくことができるのではないでしょうか。

「半分しかない」と「半分もある」

あなたはどちらの受け止め方ですか

例えば今、目の前で、子供がコップに入ったジュースを半分こぼしてしまったとします。そのとき、あなたはどのような言葉をかけるでしょうか。

「こんなにこぼしてしまって、あと半分しかないじゃないの。しっかり持っていないからこういうことになるのよ」

「あら、こぼしてしまったの？　でも、まだ半分もあるじゃない。よかったね。これからは気をつけようね」

同じ状況について言っているのですが、言われた子供の気持ちはどうでしょうか。残ったジュースをおいしく味わうことができるか、涙混じりの悲しい味になるか。その分かれ道が「半分しかない」と「半分もある」という、受け止め方の違いにあるような気がします。「半分しかない」と思うとき、私たちは心にゆとりをなくしているようです。

日々の生活の中で大切にしたい「ゆとり」というものについて考えるとき、「時間のゆとり」も「経済的なゆとり」も必要でしょう。

しかし、誰にも同じだけの自由な時間があり、同じだけのお金が与えられていたとしても、その生活に皆が「同じだけの満足」を感じるとは限りません。

コップに半分残ったジュースについて「半分しかない」と「半分もある」という二通りの受け止め方が存在するように、私たちの生活に対する満足感は、一人ひとりの心が決めることになるのです。

「忙しい」という字は「心を亡くす」と書きます。今、忙しい生活を送る中で、また、思うようにならない世の中の状況に直面して、知らず知らずのうちに心のゆとりを失ってはいないでしょうか。

箸よく盥水を回す

「どうせ」が口ぐせの人が成功できないわけとは

「日本を美しくする会」の創唱者である鍵山秀三郎さんは、自身のこれまでの取り組みを「誰にでもできる平凡なことを、誰にもできないくらい徹底して続けてきた」と表現します。

確かに、自分の手が届く範囲内での掃除の実践は、決して「誰にもできないような大それたこと」ではないでしょう。しかし鍵山さんの非凡なところは、大きな志のもとに、その取り組みを徹底して続けてきた点にあります。長年にわたる小さな努力の積み重ねが、多くの人の心を動かし、今、各地で「よりよい日本を築くための取り組み」としての掃除が行われているのです。

鍵山さんは言います。

――「箸《はし》よく盥水《かんすい》（たらいの水）を回す」という言葉があります。人間一人の力は小さく見えます。しかし細い箸一本でも、たらいの水を根気よく、熱心に回し続ければ、最後には全部が大きな渦となって回り出します。一人の覚悟、一人の決断からすべては生まれ、始まるのです。（参考＝鍵山秀三郎著『凛とした日本人の生き方』モラロジー道徳教育財団刊）

私たちは知らず知らずのうちに、世の中で起こるさまざまな問題から目を背《そむ》けてしまうことはないでしょうか。それは「自分一人の力ではどうしようもない」と感じるからかもしれません。

しかし今、自分がいるこの場所で、自分にできる精いっぱいのことをして光り輝いたなら、周囲は確実に明るくなります。その心の灯を周囲の人たちと分かち合っていくと、社会さえも変えるような大きな力になることを、鍵山さんの実践は教えてくれるのではないでしょうか。

言うは易く行うは難し

大人が道徳を学ぶ意味とは何か

道徳の実行とは、いったい何でしょうか。

一般に私たちは、具体的な行為として「形」に表すことを「道徳の実行」と捉えているのかもしれません。何事も「言うは易く、行うは難し」といわれます。しかし、道徳の実行に関して「行うこと」より難しいのは、その際の自分自身の「心のあり方」であるのかもしれません。

完全な「よい心」は、すぐにはできないかもしれませんが、「『よい心』ができるまでは何もしない」ということでは、成長の機会が失われてしまいます。まずはささやかなことでも、形をまねてみることからでも、「誰かが喜んでくれること」や「人や社会の役に立つこと」を、身近な場で実践していくことが大切ではないでしょうか。

道徳の実行には「心のあり方」が重要と考えるなら、その気にさえなれば、いつでもどこでも努力することができます。心は目で見ることはできませんが、私たちは何をするときにも、必ず自分の心をはたらかせています。日常の小さな行いの裏側にある心のはたらきに意識を向け、「感謝」や「思いやり」などの温かい心を表していったなら、その積み重ねの結果は、人生にどれほどの違いを生むでしょうか。

自分の心を謙虚に見つめ直す習慣は、自分自身を確実に成長させてくれます。また、そうした心の姿勢は周囲にも自然と伝わって、人間関係も心豊かなものになっていくことでしょう。

私たちは日々、さまざまな人たちとの関わりの中で「よいこと」を行う機会を与えられています。その時々に自分の心と向き合い、温かい心を思い起こしていきたいものです。

第2章

関係性をつくる

めったにないから有り難い

それって本当に「当たり前」ですか？

「当たり前」という言葉の語源は、収穫《しゅうかく》・漁獲《ぎょかく》などを共同作業として行った場合に、一人当たりの分け前を「当たり前」と言ったことにあるようです。「この作業は自分も協力したのだから、分け前を受け取るのは当然の権利」と考えたのでしょう。ここから、現在よく使われているような「当然」という意味が生まれたとされます。

ところで今、私たちが「当たり前」という言葉を使う際も、どこかに「これは当然の権利だ」といった思いが隠れてはいないでしょうか。

蛇口《じゃぐち》をひねれば、水が出てきて当たり前。停電の心配をすることもなく、電気を使えるのは当たり前。お店に行けば、物が自由に買えるのは当たり前……。そんな便利で快適な生活が保障されていて然《しか》るべき、とも思えてきます。

しかし、それらすべての背後には、仕事という形でサービスを支えてくれている大勢の人たちの力があります。その労力に対して、私たちはふだん、特別に「ありがたい」と思うことはないのかもしれません。

「ありがたい」という言葉には、深い意味があります。

まず「存在することが難しい」「めったにない」といった意味。これが漢字で「有り難い」と書くゆえんでしょう。このことから、恩恵《おんけい》や厚意《こうい》に接したとき、それを「めったに受けることのできない幸運」として喜ばしく思い、感謝せずにはいられないという気持ちを込めて、私たちは「ありがたい」と言うのです。


私たちが自分一人の力では生きていけないという事実を思うとき、今こうして「当たり前」の生活を送っていること自体が「有り難いこと」に思えてきます。

「自分の力で成《な》し遂《と》げた」と思えるようなことでも、どこかで必ず、自分以外の大勢の人たちの力に支えられているものなのかもしれません。こうした「あって当たり前」とも思える日常に存在する「有り難いこと」に気づき、感謝する心を育んでいくことは、喜びの多い人生を築くもとになるのではないでしょうか。

幸せの段階

あなたはどの幸せに生きていますか

幸せには、いくつかの段階があるとされます。「誰かに何かをしてもらうこと」も幸せの一つでしょう。しかし、その幸福感は一時的なものです。人から「してもらうこと」を期待するばかりでは、「してもらえなかったとき」には不満が募《つの》り、徐々に心が満たされなくなっていくことにもなりかねません。

「自分で何かをできるようになること」も一つの幸せですが、それは「自分一人の幸せ」にとどまることが多いものです。より長く続く、また、より多くの人と共に分かち合うことのできる幸せ――「自分が人の役に立っている」と実感したときに味わう幸せの段階もあるのではないでしょうか。

人のために自分の時間を使い、汗《あせ》を流し、時にはお金を使う。「人のために何かをさせていただく」「何かを差し上げる」といった場合、そうした自分の努力や苦労の結果は、自分以外の誰かが受け取ることになります。

一見すると、自分は損《そん》をしているようにも見えるかもしれません。

しかし、他人の喜びを「わが喜び」とする人は、周囲の人たちから好かれ、頼りにされるものです。そして「あなたのことを頼りにしています」「あなたのおかげで助かりました」などと言われたら、誰もがうれしい気持ちになるのではないでしょうか。

誰かの喜ぶ顔を見る幸せ、誰かに必要とされる喜びは、「形のない収穫」ともいうことができるでしょう。

二種類のつながり

タテが大事？　それともヨコが大事？

今、心静かに振り返ってみてください。皆さんが大切に思う「つながり」として、どのような人たちとの関係が思い浮かぶでしょうか。

例えば、家族との間には特別な「つながり」を感じている方は少なくないでしょう。身近な学校、職場、地域等で接する人たちとの関係、あるいはインターネット空間を通じた「つながり」を大切に感じている方もあるかもしれません。

小学校の教師として長年尽力してきた野口芳宏《のぐちよしひろ》さん（植草学園大学名誉教授）は、講演の中で興味深い問いを投げかけています。

「縦と横とでは、いったいどちらが大事なのでしょうか」と。

まずは「横が大事」と答えた人たちの意見です。「横だと広がりがあって平等のような感じがする」「縦ももちろん大事だが、インターネット等を考えても、横方向のコミュニケーションが圧倒的に多いから、あえて挙げるなら横が大事」。これらに対し野口さんは次のように述べています。

樹木で考えると、縦に伸びていくのは幹や根であり、横に広がるのは枝や葉っぱ。幹がなくなれば駄目だが、枝や葉っぱはかなりなくなっても、木が枯れてしまうということは、まずない。一般に、希少なものほど価値が高いのである、と（参考＝野口芳宏著『縦の教育、横の教育』モラロジー道徳教育財団刊）。

私たちは、身近な人や社会との「横のつながり」の中で、仕事やボランティア活動などを通じて「世の中の支え合い」に参画することができます。さらに、未来にわたって続いていく「縦のつながり」の中にあって、「次の世代の『より良い暮らし』のために」という先人の思いを受け継ぎ、子孫たちの世代の幸せを願って社会の維持・発展に努めることも、祖先の世代の恩恵に報いることに通じるのではないでしょうか。自分自身を支えてくれている、縦と横のさまざまな「つながり」を再認識し、これらの「つながり」をいっそう豊かに育みながら、一人ひとりの「心豊かな人生」と「住みよい社会」を築いていきたいものです。

お互いさまとおかげさま

ご近所と「井戸端会議」していますか？

近年、地域のつながりの大切さを見直す動きが、各地で見られるようになりました。特に東日本大震災以降、心を通わせ合う人間関係があってこそ、非常時の助け合いにも大きな力が発揮《はっき》できることを多くの人が実感したためでしょう。「井戸端《いどばた》会議が盛んな地域は空き巣等の被害に遭《あ》いにくい」ともいわれます。

祭りなどの伝統行事をはじめ、交流や親睦《しんぼく》、環境美化、防犯等、地域を支える活動に参加する有志の間でしばしば聞かれるのが「お互いさま」「おかげさま」という言葉です。そこには〝自分もいろいろな人のお世話になっているから、できることはさせていただこう〟という「恩返《おんがえ》し」の気持ちが感じられます。

中でも大切にしたいのが世代を超えた「縦のつながり」です。

かつての日本の地域社会では、自分の子であるかないかにかかわらず、子供が悪いことをすれば大人が注意をし、危険がないように見守るという連帯感や教育力がありました。

しかし都市化が進む現在では、人と人とのつながりが薄れてきたことを危惧する声が聞かれ、教育力再生のための取り組みも推進されています。

何より大切な第一歩は、子供も含めたごく身近なご近所の人たちと、日ごろから「おはようございます」「こんにちは」といった明るい挨拶を積極的に交わし、安心のある温かい人間関係を築いていくことでしょう。

そして、古くからの住民が多い町にも、比較的新しくできた町にも、それぞれに成り立ちがあり、その地域づくりに貢献してきた先人たちの存在があります。先人から受け継いだ地域を、よりよい形で次の世代に引き渡していくこと――それは、その地域で暮らすすべての人の務めです。そうした意識を持つ大人たちの後ろ姿があってこそ、子供たちも自然と自分の町に対する愛着や誇りを持ち、「地域を支える一員」として育っていくのではないでしょうか。

モノの距離と心の距離

近所付き合いは安心な暮らしを阻むもの？

「遠くの親類より近くの他人」ということわざがあります。遠方に住む身内よりも、日常のつきあいのある隣近所の他人の方が頼りになる、という意味です。もっとも最近では、ライフスタイルや価値観の変化をはじめ、さまざまな理由から、昔ながらの近所づきあいがなくなりつつあると言われます。

壁一枚、床一枚を隔てた空間で複数の家族が暮らす集合住宅に象徴されるように、物理的な距離は近くなっても、住人同士の「心の距離」は離れつつあるといえるのかもしれません。「一家の生活が守られさえすればそれでよし」「家の外の面倒な人間関係はなるべく避ける」といった考え方は、現代社会の不安やストレスから身を守るうえで重視すべき一面もあるでしょう。一方、その考え方の先に「安心な暮らし」は得られるのか、という視点も大切です。

集合住宅に限らず、「共同体」には、そこで暮らす人が共通して守るべきルールが存在します。しかし、実際の生活を考えると、その最低限のルールに従いさえすれば「安心な暮らし」が保障されるというものではないでしょう。思いやりの心や、「お互いさま」と許し合い、譲り合い、調和する心が欠かせません。

近所付き合いの中で起こるちょっとした衝突を「自分の安心な暮らしを脅かすもの」ととらえる固く狭い考えからは、抵抗感や警戒心《けいかいしん》などの「不安」しか生まれません。何より、共同体とは「すでにそこにあり、福利を与えてくれるもの」ではなく、そこで暮らす私たちがつくっていくものであり、一人ひとりのかかわり方によって、共同体のあり方は変わってくるのです。

近所付き合いとは、決して「個人を拘束《こうそく》するもの」ではありませんし、「安心な暮らし」のために必要なものは、「より厳格なルールをつくり、それを守らない人を罰すること」でもありません。周囲の人たちと調和し、温かい心を通わせ合ってこそ、安心で喜びの多い生活を送ることができるのではないでしょうか。

人生の呼吸法

吸うのが先か、吐くのが先か

現代職業研究所所長の本多信一《ほんだしんいち》さんは、苦労を重ねたみずからの体験をもとに、長年間、無料人生相談を続けています。本多さんは、著書『人生を豊かにするための「時間の使い方」』（ＫＫベストブック）で、次のように述べています。

――呼吸《こきゅう》という字は呼が吐《は》く、吸が吸《す》うことで、「吐く＝外へ、吸う＝内へ」の順序を表す。すなわち、出さなければ入らないということだ。しかし、人間は、人体の自然とは逆に、何かを自分の内に取り入れることばかりに熱心だ。お金でも地位でも名誉でも、取れるだけ取ろうとする。自分のことばかりに熱中し、社会を生きていながら、社会への恩返しの思いはない。

呼吸でいうと、吸う一方で出すことがなければ肺がぱんぱんになって、爆発してしまう。それと同様、力と時間を外界のために出すことは、一個の生命体としては不可欠のものと思える。ここに、奉仕時間の必要性があるように思う――

本多さんは、人間にとって呼吸が自然の営みであるように、私たちは、自分のほしいものを求め続ける「利己」の生き方を優先させるのではなく、周囲の人たちへ思いやりの心をはたらかせ、社会への恩返しをしていく「利他」の行動に少しでも踏み出すことが大切であることを述べているのではないでしょうか。

私たち人間は、社会をつくって生活しています。そこでは、助け合い、支え合うというモラルが欠かせません。助け合い、支え合うためには、「いたわり」や「やさしさ」という、人を思いやる心が基本になります。

人に対する「いたわり」「やさしさ」を心に根づかせて、身近な人たちへの思いやりの心をはたらかせていくことは、私たちが人間社会の一員として、社会へ恩を返していくことになります。そして、そのような心づかいと行いが、自分自身をも輝かせていくことになるのではないでしょうか。

誰の責任でもない仕事

掃除がおっくうな人、楽しんでやれる人の違いとは

Ｊさんが住むマンションでは、自治会の企画で毎月、清掃活動が行われています。不参加続きだったＪさんですが、「ずっと出ないのも気が引けるし、一回くらい出てみるか」と参加を決めました。当日は周辺の掃《は》き掃除《そうじ》。落ち葉が多くてなかなか重労働です。休憩時間になるとＭさんがお茶を手に話しかけてきました。

「お疲れさまです。今の季節は落ち葉が多くて、掃除もやりがいがありますね」

Ｊさんは世間話のついでに、いろいろと聞いてみることにしました。

「僕は今日が初めてなんですけど、なかなか大変な作業ですよね。正直、今朝は出てくるのもおっくうで……」

すると、Ｍさんがこんな話をしてくれました。

「僕も初めはそうでしたよ。実際、結構疲れますしね。でも、あるとき、会社でちょっとした出来事があって。会社の印刷室が散らかっていたとき、なんとなく片付けてみたら、

同僚に『おかげで気持ちよくコピーができたよ』って言われたんです。掃除って、僕はずっと汚れたところをきれいにする以上の意味はないと思っていたんですが、次にその場所や物を使う人が気持ちよく使えるようにするためでもあるんだなって、そのときに初めて気がついたんですよ。それからは、この清掃活動にも少し違った気持ちで参加できるようになった気がします。

それともう一つ。うちの上司の口癖が『いやいや仕事をするのは、時間と労力の無駄。自分なりの意味を見つけられるように、視点を変えてみろ』でね」

「おもしろい上司の方ですね。でも、なかなか奥が深い言葉だ」

休憩時間の後、Jさんはその会話の流れで、Mさんと一緒に雑談を交えながら掃除をしました。

そして、その日は少しだけ〝参加してよかったな〟と思えたのでした。

二宮尊徳に学ぶ

「譲る」とは自分だけが損をすること？

人に何かを「譲《ゆず》る」ということ——それは「ただ自分だけが損をすること」なのでしょうか。

私たちの生きる社会は、多くの人たちの複雑な関わり合いにより成り立っています。その中では「自分だけは得をするように」と思って行動したところで、必ずしもうまくいくものではありません。例えば、狭い通路で大勢の人が「われ先に」と殺到すれば、大混雑が発生し、時には事故が起こることもあるでしょう。そうした事態を回避《かいひ》して、自分にとっても他人にとってもよい結果をもたらすのが「譲る」という心がけなのかもしれません。つまり、先を急ぐ気持ちを少し抑えて「お先にどうぞ」と譲り合ったほうが、「われ先に」よりも安全に、そしてお互いに気持ちよく通行できるという面もあるのではないでしょうか。

二宮金次郎《にのみやきんじろう》（尊徳、一七八七〜一八五六）は、次のような言葉を残しています。

「奪うに益なく譲るに益あり」

鳥獣の手は、ただ自分のほうへ向いて、物を自分の側にかき寄せることしかできません。しかし人間の手は、自分の側にかき寄せるだけでなく、向こうへ押すことができるようにもなっています。私たちは人間として、自分のために取ることばかりに一生懸命になって、他人のために押すことを忘れていてはいけません。それでは鳥獣と同じではないか。そう金次郎は教えています。

人との出会いはすべて偶然の出来事かもしれませんが、世の中が多くの人たちの関わり合いで成り立っていることや、他の人が自分に向けてくれた善意に気づいたなら、いっそう「自分も誰かのために」という思いを育んでいくことができるでしょう。

そうした「感謝」と「思いやり」の連鎖によって、自分も他人も気持ちよく暮らすことができる社会が築かれていくのではないでしょうか。

引いてしまった貧乏くじ

それは本当に損なことですか

私たちの生活は、居住する地域の自治会活動をはじめとして、有志の力に支えられている部分が少なくありません。また「他人や社会の役に立ちたい」「社会の中で自分の居場所を見つけたい」といった思いから、ボランティア活動やＮＰＯ法人（特定非営利活動法人）の事業などに携わる人もいるでしょう。

「他人や社会の役に立ちたい」という思いから、社会貢献に取り組むのは尊いことです。しかし「人の役に立ちたい」という純粋な思いを持って、みずから進んで始めた活動であっても、続けていくうちに疑問や不満が生じることもあります。

活動を続けるうちに周囲の評価を求めたり、手伝おうとしない人を責めたりする気持ちが湧き起こることもあるのではないでしょうか。

そうしたときは「人の役に立つ」ということ自体が、私たちの心に与えてくれる喜びをあらためて見つめ直したいものです。

「言うは易《やす》く、行うは難《かた》し」という言葉があります。しかし、本当に難しいのは、物事を行う際の「心づかい」なのかもしれません。

人は「誰かの役に立っている」ということを実感したとき、生きがいを感じます。それは「周囲とのふれあいを喜ぶ気持ち」から生まれるものでしょう。また、みずから人のために働くことを経験してこそ、「見えないところで人や社会を支える誰かの力」に気づく力が養われるのではないでしょうか。

「よいこと」を気持ちよく、純粋な「よい心」で——。

その実践が、私たちを人間的に大きく成長させてくれるのです。

世界が賞賛する日本の「当たり前」

変えてはいけない日本人の習慣とは？

自分の家庭、自分の学校、自分の職場……。ふだん過ごしている場所での習慣や雰囲気は、当たり前に思えてくるものです。しかし、よその家庭・学校・職場などの「外」の文化に触れてから自分の日常を振り返ると、「こんなところがすばらしい」という点に気づいたり、「ここは相手の〝よいところ〟を取り入れてみよう」と思ったりすることがあります。

それは「日本の国の文化」についても言えることではないでしょうか。

四年に一度のサッカーのワールドカップ大会では「試合終了後に会場のゴミ拾いをする日本のサポーター」の姿が国内外で報じられてきました。

自分で出したゴミは自分で片付ける。公共の場ではみんなが気持ちよく利用できるように、来たときよりもきれいにして帰ることを心がける。それは「立つ鳥跡《あと》を濁《にご》さず」ということわざがあるように、日本人にとっては当たり前の行為かもしれません。

しかし、「他人が出したゴミまで片付けるの？」「応援していた日本代表チームが試合に負けて、悔しい気持ちになっているときでも同じことができるの？」という点が、海外では、驚きをもって受け止められているようです。

二〇二二年の大会では、これが他国のサポーターにも波及し、日本人と同じようにゴミ拾いをする姿が報じられて注目を浴びました。また、選手が使用するロッカールームも、日本代表チームが帰った後はいつもきれいに清掃されており、敗退後に「ありがとう」の言葉をしたためたメモが残されていたということも話題になりました。

他の国々に「よい影響」を与えることができる「日本発の習慣」。それはワールドカップという特別な場面以外でもしっかりと発揮していけるように、私たち自身、一人ひとりが心がけたいことでもあります。

思いやりを配れる人間

「日本のやさしさ」を感じる瞬間はありますか？

悲しんでいる人を見れば胸が締めつけられ、困っている人に出会えば、自分にできることはないかと気持ちが動く。こうした思いやりの心を、日本人は古くから大切にしてきました。

岩手県大船渡市で暮らすある中学生は、東日本大震災による被災という困難の中に芽生えた気持ちの変化を次のように綴っています。

※

電気、水道、連絡、交通手段、すべてがストップしたのにも関わらず、次の日になるとたくさんの物資が運ばれていました。地震で崩壊した道路の復旧も、とても迅速に行われました。

初めは、自分たちのことで精いっぱいで、日本全国から多くの「思いやり」をもらうことに対して、「当たり前」という感情がありました。時がたって、今そのことを考えてみると、「日本のやさしさ」を改めて感じさせられます。
国で指示されたわけでもなく、誰に命令されたわけでもなく、自然に「思いやり」を他人に配ることができる日本人は、とても誇らしいです。
私はこれからも、そういう日本が続くよう、全国のみんなが私たちにしてくれたように、「自然に思いやりを配れる人間」になりたいです。日本に生まれたことに、そして、私を生んでくれた父と母のすべてに「感謝」です。

（大船渡・陸前高田モラロジー事務所発行・第一回「感謝のことば」エッセイ作品集より）

自分のことを差し置いても、周囲へと思いやりの心を向けること。そうした心を一人ひとりが持ち、他者へと広げていくことは、私たちの社会を幸せに導く力となっていくに違いありません。

見えないところに「祈り」はある

自分を思ってくれる「誰か」を感じていますか

平成二十三年三月十一日に発生した東日本大震災に際しては、世界中から有形無形の支援が寄せられました。被災地の方以外でも、海外から支援物資が届いたことを報道で知ったり、温かいメッセージに触れたりして、励まされたという方もあるでしょう。

次に紹介するのは、そうした中で寄せられた「思い」という、無形の支援の一例です。

震災の発生からしばらくたったとき、インターネット上で小さなニュースが流れました。台湾のある大手メーカーが出荷したパソコンの基板に、ごく小さく「GOD BLESS JAPAN(日本に神のご加護《かご》を)」という文字が印字されていたというのです。当の会社も外部から問い合わせを受けるまでは認識していなかったようで、一技術者の思いつきから行われたものだったということです。しかも「無断とはいえ、一日も早い日本の復興を祈ってしたことだろうから」と、会社側はその行為を黙認したといいます(参考=平成二十四年六月二十七日付「フジサンケイビジネスアイ」)。

もしかしたら、私たちのパソコンにも「GOD BLESS JAPAN」と印字された基板が組み込まれているかもしれません。

たとえ見えないところであったとしても、また、どこの誰とも分からなくても、確かに自分のことを思ってくれている「誰か」がいる。そうした事実に気づいたとき、私たちの心は温かくなります。そこから〝今度は自分が誰かのために祈り、支えることができるようになりたい〟という思いも生まれてくるのかもしれません。

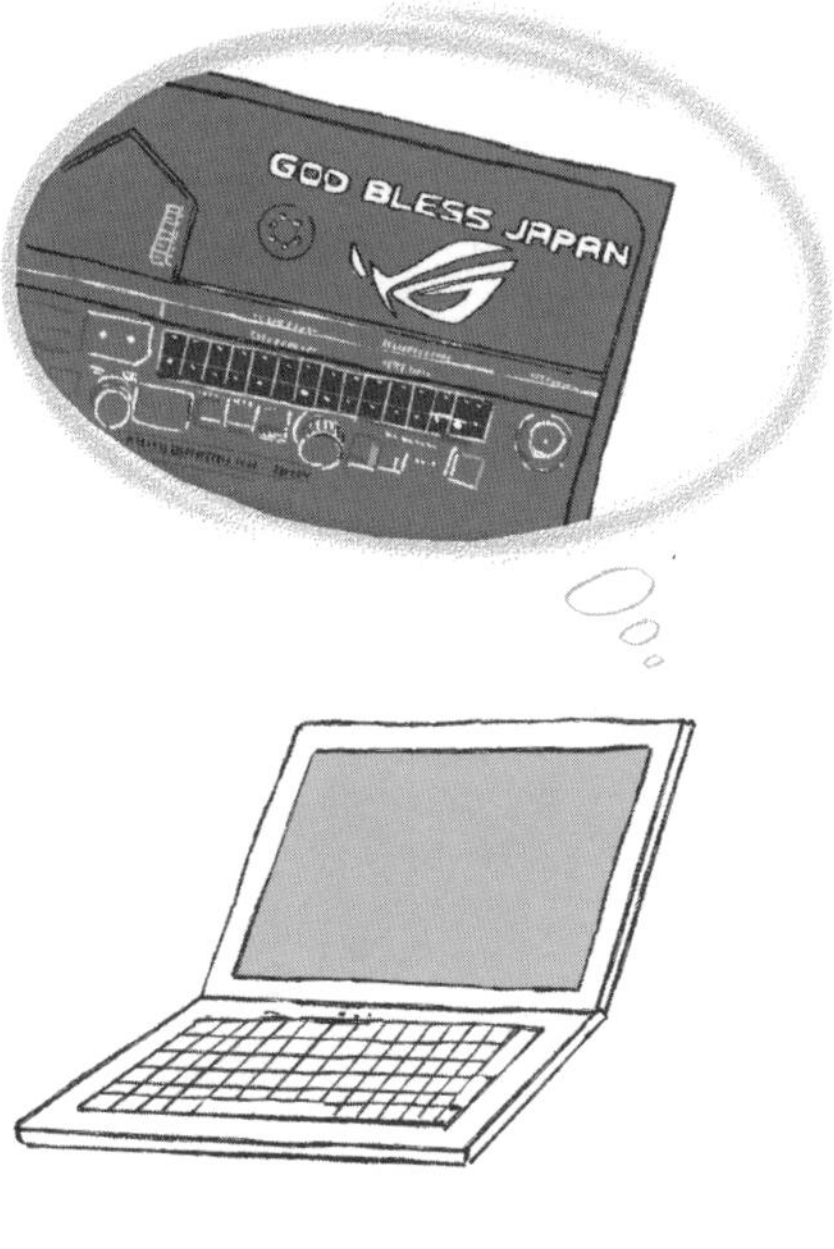

ジャポネース・ガランチード

先人たちの「誠実な生き方」

明治維新。それは長く続いた鎖国が解かれ、西洋の文化に積極的に学ぶ方針がとられた時代でした。また、大きな希望を抱いて海外へ移住する人たちが多く現れ始めたころでもあります。

中でもブラジルには、明治四十一年（一九〇八）に最初の移民船「笠戸丸」で七百八十一人が渡って以来、戦前戦後を通じて移住しており、今では約百九十万人ともいわれる海外で最大の日系社会が築かれています。次に紹介するのは、大学卒業後にブラジルへ渡り、造園の仕事に携わってきた日本人男性の話です。

――あるとき、軍の要職に就いていたというブラジル人男性から、自宅に日本庭園を造る仕事を依頼されました。以前から付き合いがあったわけではなく、その仕事を引き受けることで初めて知り合った相手です。庭が完成したとき、男性は「なぜ、あなたに仕事を頼んだか」ということを明かしました。

「子供のころ、私の家は貧しかった。そんな中、近所に住んでいた日本人のおばあさんが私をかわいがってくれて、よく家に遊びに行き、面倒を見てもらった。おばあさんに褒《ほ》められるとうれしいから勉強に励んだし、世の中のために働くことが大事だと教えてもらったからこそ、ここまで頑張ってくることができた。自分の人生を支えてくれたおばあさんの思い出のために、日本庭園を造る人を探して、日本人のあなたを見つけ、庭造りを頼んだのだ」と。（参考＝丸山康則著『ブラジルに流れる「日本人の心の大河」』モラロジー道徳教育財団刊）

ジャポネース・ガランチード。これはブラジルの人たちが「日本人は信頼できる」という意味で用いる言葉です。そうした評価は、このブラジル人男性の思い出の中にあるおばあさんの姿のように、名もなき無数の先人たちの「周囲の人々へ向ける温かいまなざし」や「誠実な生き方」によって、長い時間をかけて形づくられてきたものなのでしょう。

自分を大切にするということ

ルースさんに学ぶ本当のグローバル化とは

立場や境遇が異なると、考え方にも違いが生まれます。価値観も生活習慣もそれぞれに異なる人たちが一緒に過ごせば、衝突も対立も起こるでしょう。

日本で暮らして三十年以上になるハワイ出身のアメリカ人、ルース・マリー・ジャーマンさんも、かつてはそうした「違い」に直面して悩んだ一人でした。

アメリカの大学に在学中、日本で一年間の留学生活を経験し、卒業後は日本企業に就職したルースさん。社会人となって初めてのクリスマスを迎えたときのことです。クリスチャンであるルースさんにとって、十二月二十五日は特別な日です。ところが、この年のクリスマスは平日の出勤日だったのです。

ルースさんは、牧師であるお父さんに電話で相談しました。すると「日本が出勤日ならば、礼拝には仕事が終わってから行ったらどうか」というアドバイス。ルースさんは、その日のことを「元日に会社へ行くような気分だった」と振り返ります。

勇気を振り絞って「来年のクリスマスは、やっぱり礼拝に行きたい」と上司に伝えたのは、だいぶ時間がたってからでした。すると上司は「いいよ。どうしてもっと早く言ってくれなかったの？」と受け入れてくれたというのです。

ルースさんは「国際化の時代に大切なことは『変わること』ではなく『説明すること』ではないか」として、著書の中で、次のように述べています。

――他国の文化に接したとき、相手を尊重するのは大切なことですが、それは自分自身の中の大切な何かを抑えて相手に合わせるということではありません。（中略）アメリカ人としての私のアイデンティティーはそのままに、相手のよいところに学んで、付け加えることができるものは付け加え、より豊かな人間になっていく。それこそが本当のグローバル化ではないでしょうか。

（参考＝ルース・ジャーマン・白石著『世界に輝くヤマトナデシコの底力』モラロジー道徳教育財団刊）

割れ窓理論

小さなことがやがて大きな結果を招くわけとは

今、私たちが暮らしの中で見るもの、聞くもの。その多くは「小さなこと」といえるのかもしれません。ところが、これを見過ごしていると、やがて「大きな結果」を招くことになるという面もあるのではないでしょうか。

建物の窓ガラスが一枚割れているのを放置すると「この建物には誰も注意を払っていない」というサインになるといわれます。すると、窓を割ることへの罪悪感が薄れて、ほかの窓も割る人が出てきます。さらにはゴミが捨てられたりして建物全体が荒廃《こうはい》し、犯罪の温床となって、地域の環境も悪化するというのです。

これは「割れ窓理論」と呼ばれるもので、犯罪防止のためには「小さなきっかけ」を放置しないことが大切であるとされています。

犯罪というほど重大なことにつながるとは思えなかったとしても、同じようなことは、私たちの身の回りでも起こり得ます。例えば、自宅近くの道端に小さなゴミが落ちていたとき。学校や職場のトイレが汚れていたとき……。まず、目に映った小さなゴミや汚れを意識するかどうか。さらにはその後、どんな行動を取るかが問われるのではないでしょうか。

最初はちょっとしたきっかけだったとしても、「小さなこと」が積み重なると、問題は大きくなっていきます。「このくらい、たいしたことではない」という心の隙《すき》こそが大敵である、といえるのかもしれません。私たちは身近なところで繰り返し行う小さな行為ほど、軽視してしまいがちではないでしょうか。

世の中で起こる大きな出来事は、よいことも悪いことも一朝一夕《いっちょういっせき》に成ることはなく、長い年月にわたる「小さなこと」が積もり積もって「大きな結果」が生じるのです。小さなこと」をおろそかにしないという心の姿勢の大切さ。それは「よくないことを放置しない」というだけでなく、日常生活の中での「小さな善事の実践」についてもいえることではないでしょうか。

季節を味わう

なぜお正月は「おめでたい」？

日本には古来、お正月には「年神様」が家々に来訪して、人々を祝福し、この一年の生きる力を授けてくれるという考え方がありました。そのことを喜び、お互いに祝い合うために、お正月には「おめでとう」という挨拶を交わすようになったのだといいます。（参考＝生方徹夫著・モラロジー道徳教育財団編『誰かに話したくなる日本の祝日と歳事の由来』）

わが国の先人たちは、年ごとに神様から生命力を与えられることに感謝して、心新たに新年を迎え、その年その年を大切に過ごしてきたのでしょう。また、そこには季節の移り変わりを敏感にとらえる感性や「自然と共に生きる」という感覚が確かに存在していたのではないでしょうか。

街中の植え込みにも見つけることができる四季折々の草花。季節に応じて色を変えていく街路樹。小鳥のさえずりや風の音……。慌《あわ》ただしい毎日を送る中ではつい見過ごしがちになることがあるかもしれませんが、自然は私たちの身の回りのさまざまな場所に息づいています。

豊かな自然環境に恵まれたわが国の先人たちは、季節の移り変わりを大切に味わってきました。和歌に詠《よ》み込まれた四季折々の情景。毎年決まった時期に行われる年中行事。旬《しゅん》の食材が取り入れられた彩り豊かな食卓……。そこには、自然とのつながりを自覚し、その恩恵を感じながら生きてきた先人たちの心が表れているのでしょう。

地震や台風、大雨や大雪などの災害に直面するとき、私たちは自然の脅威《きょうい》を痛感します。しかし自然は荒々《あらあら》しく牙《きば》をむくばかりではありません。人間を含むすべての動植物に分け隔てなく降り注ぐ、暖かな太陽の光。雨は大地を潤《うるお》して豊かな実りをもたらすだけでなく、貴重な飲み水にもなります。また、空気は目にすることも手に取ることもできませんが、私たちを確実に包み込んでくれているおかげで生きていくことができるのではないでしょうか。

七世代先を思う

なぜ先住民族は自然環境を「借り物」と考えるのか

東京大学名誉教授の月尾嘉男《つきおよしお》さんは、アメリカ大陸南西部の乾燥地帯で生活する先住民族、ナヴァホの人々の集落を訪ねた際、不思議な光景を目にしたといいます。

それはトウモロコシを栽培する畑でのこと。乾燥地帯のわずかな雨水だけで育つように、日本の畑の何倍もの間隔をあけて植え付けが行われていたのです。そこには「水路をつくって川から水を引いてくる」という発想自体がないようです。

実は、ナヴァホの人々には「現在の環境は未来の子孫から預託《よたく》されたものであるから、自分たちの都合で勝手に改造してはならない」という精神が受け継がれているのです。畑に水路をつくらないのは「お借りした環境をそのままの状態で子孫に渡す」ということを忠実に守ろうとした結果でしょう。

一方、コロラド渓谷の対岸に位置するラスベガスは、ナヴァホの人々の居住地域と同様の乾燥地帯であるにもかかわらず、水も電力もふんだんに使用できるという、現代的な大都市です。これはコロラド渓谷に建設された巨大ダムの恩恵で成り立つ生活ですが、対岸にあるナヴァホの人々の暮らしとは対照的です。
アメリカ大陸には、ほかにも「七世代先の子孫のことを考慮して物事を決定する」という哲学を持つ先住民族、イロコイが存在します。これは自然環境に手を加える必要があったとしても、二百年ほども先に生まれてくる子孫たちが望ましいと思うであろう状態を想定したうえで、今行うべき開発を選択するという考え方です。（参考＝月尾嘉男著『先住民族の叡知』遊行社刊）
こうした先住民族の生き方から、私たちは何を学ぶことができるでしょうか。
「遠い未来の子孫たちの暮らしを思う」という視点に立って考えるなら、小さなことでも「今の自分にできること」が見つけられるはずです。

世界が驚く日本のモラル

落としたお金がなくならないのはなぜか

日本で暮らして三十年以上になるルース・マリー・ジャーマンさんは「海外で紹介すると驚かれる日本でのエピソード」として次のような話を記しています。

ある朝、ルースさんは勤務先の事務所が入っているビルのエレベーターホールで、一枚の貼り紙を目にしました。

「現金の落とし物があります。心当たりのある方は管理人室まで」

現金というのがどれくらいの額かは分かりませんが、誰かのポケットからこぼれ落ちたお金があったのでしょう。次にその場にやって来て、落ちているお金を見つけた人は、それを自分の懐《ふところ》に入れたりはせず、管理人室に届けたのです。対応する管理人さんも、お金に手を付けたりはしません。「現金の落とし物」という貼り紙を見た人たちも「そのお金は私が落としたものです」などという、うその申し出をすることはないのでしょう。

現在、日本での暮らしの中で見いだした「日本が世界に誇れる文化」を、広く紹介する活動に取り組むルースさん。グローバル化の中でも、日本人が変わらず守っていくべき大切なものがあるはずだとして、次のように述べています。

――今、「ルーシーの言う〝日本の良いところ〟を忘れていました。本を読んで思い出しました」と言ってくださる若い方がある一方で、講演などで「変わらず大切にしたいもの」について話をすると、「常識でしょう」「当たり前よね」といった反応が返ってくることがあります。これは少々危険なことかもしれません。

「当たり前」と言えるほど無意識のうちにやっていることだからこそ、油断《ゆだん》をすると、いつの間にかなくなってしまうこともあります。「良いところ」をしっかりと自覚することで、無意識ではなく意図的に実行できるようになる。その自覚があってこそ、次の世代である子供たちに大切なものを伝えていくことや、他の国の人たちに理解してもらえるような説明もできるようになるはずです。（参考＝ルース・ジャーマン・白石著『世界に輝くヤマトナデシコの底力』モラロジー道徳教育財団刊）

和をもって貴しとなす

日本人にとって「和」とは何か

わが国の先人たちは、古来、「和」を重んじてきました。そのことが示された言葉の一つが「和をもって貴《とうと》しとなす」です。聖徳太子の「憲法十七条」の第一条に掲げられた言葉です。

太子が生まれた時代は、豪族たちの利害の対立を背景とする争いが絶えませんでした。これを収めて秩序ある国づくりをしていくことを望んだ太子は、「冠位十二階《かんいじゅうにかい》」を定めて有能な人材を登用したり、そうした役人たちの心構えを「憲法十七条」によって説いたりしました。その根底に置かれたものが「和」を重んじる精神だったのです。

ここでいう「和」とは、「一切の意見を戦わせることなく迎合・同調する態度」ではないはずです。異なる意見を持つ人たちが、お互いの立場を尊重しながら議論を深める中で協調・調和を図り、「全体がより良くなっていく方向」を共にめざすという姿勢こそが大切なのでしょう。

こうした精神性は、現代のスポーツの国際大会における「チーム・ジャパン」の活躍にも見ることができます。普段は別々のチームで競い合っている選手たちが、国際大会では「ジャパン」というチームのために結集し、自分自身の役割を考え、心を一つにしていくことで、より大きな力が生まれるのでしょう。その姿もまた、私たちに「和」の重要性を再認識させてくれるのではないでしょうか。

人は誰しも完全ということはなく、自分一人の力でできることには限りがあります。そうした中で「自分の思い」ばかりにとらわれていては、立場や境遇を異にする多くの人たちとの間で「和」を実現していくことはできません。人を尊重する和の姿勢は、相手の心の扉を開き、その人の思いやりの心を引き出すことにもつながっていくはずです。

心の荒みをなくす

ひとつ拾えば、ひとつだけきれいになる

毎年五月三十日は「ゴミゼロの日」とされています。これは昭和四十年代、愛知県豊橋市の山岳会で「自分のゴミは自分で持ち帰りましょう」を合言葉とする「五三〇（ゴミゼロ）運動」が提唱されたことが発端だそうです。

この運動はもともと「ゴミを拾うこと」だけでなく、「ゴミを拾う活動を通じて、ポイ捨てしない心を育むこと」を目的としたものでした。

人は小さなゴミでも放置されているのを目にすると、その場所にゴミを捨てることへの抵抗感が薄れていきます。それは「環境が人の心に影響を与える」ということでもあるのではないでしょうか。「掃除を通じて、世の中から心の荒《すさ》みをなくしていきたい」との願いを持って、日本全国、さらには海外にまで掃除の活動の輪を広げている「日本を美しくする会」という団体があります。鍵山秀三郎《かぎやまひでさぶろう》さん（株式会社イエローハット創業者）の提唱によって始められたものです。

鍵山さんの名言に「ひとつ拾えば、ひとつだけきれいになる」という言葉があります。今、この場所で、自分にできる精いっぱいのことをしたなら、周囲が少しでも明るくなっていく。どんなに小さな取り組みでも、周囲に感化を与え、実践する人が増えていったなら、やがて社会を変えるほどの力を生むことを、鍵山さんの実践は教えてくれます。

――私は汚れきった世界で自分の人生を送りたくはありません。生きるからには、正々堂々とした中で生きたいと思っています。そのために「日本の悪しき世相を変えてみせる」という志を持って、自分に関わりの持てる範囲から、小さな実践を積み重ねてきたのです。（中略）いっぺんに日本中をきれいにすることはできなくとも、自分の住む町、自分が関わりの持てる範囲から少しずつ、手を取り合って変えていくことができたら、日本の未来はきっと明るくなります。

（参考＝鍵山秀三郎著『凜とした日本人の生き方』モラロジー道徳教育財団刊）

徳を高める

経営と人生に役立つ「三方よし」の生き方とは

「道徳」や「モラル」の必要性は、広く認識されていることでしょう。しかし、実際に道徳を大切にして生きていくことは、私たちの人生にどのような意味があるのでしょうか。参考にしたいのが「三方《さんぽう》よし」という考え方です。

「三方よし」は、特に江戸時代から明治時代にかけて、近江《おうみ》地方（現在の滋賀県）を拠点に全国で活躍した近江商人の経営哲学として知られています。それは「売り手よし、買い手よし、世間よし」といわれるように、売買に直接かかわる自分と相手だけでなく、「世間」という第三者の利益にも配慮する考え方です。この第三者の利益にも配慮する「三方よし」の考え方は、企業経営だけでなく、さまざまな場面に生かすことができます。

総合人間学モラロジー（道徳科学）を創建した法学博士・廣池千九郎《ひろいけちくろう》（一八六六〜一九三八）は、昭和初期に「自分よし、相手よし、第三者よし」という形で、日常の道徳実行の指針として「三方よし」を説きました。ここでいう第三者とは、「自分と相手以外のすべて」を指す言葉であり、その時々でさまざまな関係者が当てはまります。広くとらえるなら、社会全体ということもできるでしょう。

私たちは、日々接する「顔の見える相手」に対しては、それなりに気をつかって生活しているのではないでしょうか。しかし、私たちの言動が「目の前にいる相手」以外に影響を及ぼしていることも少なくありません。

ですから、まずは日常生活の中で何かをしようとするときに、ひと呼吸置いて「自分の行動の影響を受けるかもしれない人たち」の存在に心を向けてみる必要があるのではないでしょうか。それは「感染症の拡大防止のために、一人ひとりにできること」を考えていくうえでも大切なことでしょう。

こうした習慣は、私たちの心の視野を広げ、世の中のより多くの人たちへ思いやりの気持ちを広げていくうえでも役立つに違いありません。

第3章

共に生きる

人生を変える出会い

いい出会いが多い人のいい習慣とは

人は日々、さまざまな「出会い」を経験します。日常の中にある「小さな出会い」とどのように向き合い、そこから何を学ぶかという心の姿勢によって、人生が方向付けられていく面もあるのではないでしょうか。

例えば日々、さまざまな人たちと交わす挨拶。私たちが進んで挨拶をするときは、相手に向かって心を開き、その場での「出会い」を前向きに受け止める準備ができているように思えます。イライラ、せかせかとした気持ちでいるときは、そうした心の準備はしにくいでしょう。

また、相手を受け入れようとしない、かたくなな気持ちでいる場合も、その「出会い」を自分自身の人間的成長につなげていくことはできないでしょう。

「啐啄《そったく》」という言葉があります。卵の中で、今まさに生まれ出ようとするヒナが内側から殻《から》をつつくと、その動きを感じた親鳥は外から殻をつついて、これを助けようとします。

内と外からつつくそのタイミングがうまく合ったときに殻が割れて、ヒナが誕生するのです。

人と人との「出会い」も、これに似たところがあるのではないでしょうか。自分が「相手を受け入れる心の準備」をすることの大切さは言うまでもありませんが、それが相手の呼吸とも合ったとき、「お互いに育ち合う」という関係に発展していく可能性が生まれるのでしょう。

直接に接するのはその一回きりだったとしても、「あのとき偶然に出会ったあの人の一言に、勇気を与えられた」「大切なことを学んだ」という経験を持つ人もいるでしょう。日々の「小さな出会い」もまた、自分自身を形づくっていく要素であり、どのような相手とも「育ち合う」という関係になれる可能性がある――そう考えたなら、一つ一つの出会いを前向きに受け止めようとする気持ちが湧いてくるのではないでしょうか。

誰かを癒せる私になる

プラスのストロークを心掛けていますか

励ましの言葉よりも「そっと寄《よ》り添《そ》ってくれる人の存在」が心の支えになることがあります。それは思いやりの表し方の一つといえるのではないでしょうか。

言葉やまなざし、その他のさまざまな行動を通じて与えられる刺激のことを、心理学では「ストローク」といい、臨床心理学者の杉田峰康《すぎたみねやす》さんは、著書の中で次のように説明しています。

――プラスのストロークは「あなたはかけがえのない大切な人間です。条件は何もつけません。あなたの存在そのものが大事なのです」というメッセージを、いろいろな形で相手に与えることです。マイナスのストロークというのは、例えば「ダメだね」「またやったのか?」「何をやってもダメだな」など、それをもらうと嫌な気持ちになるものです。（中略）条件つきのストロークは、こちらを喜ばせる限り愛してあげるといった条件つきの刺激です。（中略）実はこの条件つきのストロークで、現在の世の中は動いています。一生懸命に働いた人は報酬が増えるし、一生懸命に勉強した人は点数が上がります。基本的にはその通りですが、心は満たされないのです。まして、何かに悩んでいる人や心が病んでいたりする人に対しては、この条件つきのストロークでは心を癒すことができません。これには無条件のストロークを与え続けることによって、少しずつ癒していく以外にありません。

無条件のストロークとは、相手の価値に依存しないプラスのストロークです。相手の人格そのものに対して与えられる愛です。現代人は、みんな心が疲れていますから、すべての人にこうしたストロークが必要だといえるでしょう。（杉田峰康著『人を育てる「愛のストローク」』モラロジー道徳教育財団刊）

「あなたは大切な存在」という無条件の愛を注ぐこと。それは「思いやり」の究極の形といえるのではないでしょうか。

「あれ」と「これ」

トラブルばかり起きる人の残念な習慣とは

私たちはトラブルに直面すると、冷静さを欠いて〝自分は悪くない〟〝相手が悪い〟という思いを抱きがちです。しかし、そうした思いにとらわれるほど、視野は狭まり、正しい判断ができなくなります。そうなると問題はこじれ、解決への道はますます遠のくでしょう。

その相手が顔を合わせたことのない人である場合は、なおさら意地の悪い人物を想像するでしょう。そうなると相手に対する悪いイメージばかりが膨らみ、お互いの溝《みぞ》はますます深くなっていきます。

しかし、どのようなトラブルにも「一〇〇パーセント相手だけが悪い」ということは、めったにありません。トラブルに直面したら、まず自分自身を謙虚に振り返ることが大切ではないでしょうか。

特に、トラブル解決の糸口が見いだせないときは、視野狭窄《しやきょうさく》に陥《おちい》っていることが多いものです。

中国の古典『荘子《そうじ》』に「物は彼に非《あら》ざるは無く、物は是《こ》れに非ざるは無し」という一節があります。「あれ」と言わないものはないし、「これ」と言わないものもない。つまり、自分の側から見て「これ」と言った同じものを、別の視点から見ると「あれ」と言う場合もあるわけです。この事実は、物事をさまざまな角度から見つめることの大切さを教えてくれるのではないでしょうか。

トラブルに直面したときは、一方的に相手を責めるのではなく、まず相手の立場に立って物事を見つめてみましょう。自分の主観にとらわれることなく、なぜ、こうした事態に陥ったのかを冷静に考えるとともに、自分自身に落ち度はなかったのかを謙虚に振り返ってみたいものです。

たった一本の火箸を探す

あなたの「思いやり」の広さと深さはどれくらい？

今からちょうど百三十五年前、明治二十一年（一八八八）に出版された『新編小学修身用書』という本があります。著者は九州・大分に住んでいた、当時二十二歳の小学校教師。修身、つまり、今でいう道徳の授業で子供たちに語って聞かせる「話の種」を集めた、自作の教材集です。そこにこんな話が載っています。

——昔、伊藤長衡《いとうちょうこう》という人が借家に住んでいました。ある日、台所の敷板《しきいた》の下に火箸《ひばし》を落としてしまった長衡。敷板の下をのぞいて一生懸命に探していると、たまたま家を訪ねてきた人がありました。長衡のただならぬ様子に知人は「一体どうしたのか」と尋ねます。しかし探しているものが火箸だと知ったら〝なあんだ。火箸の一本くらい、そのままにしておいたってよさそうなものなのに。けちな人だなあ〟とでも思ったのでしょう。すると、長衡が言ったことは……。

この話の続きを、皆さんはどんなふうに想像されるでしょうか。

実は『新編小学修身用書』では、「この話から何を学ぶことができるか」という点が、各話の表題として示されています。この話につけられた題は「人を思うこと、己を思うがごとくすべし」。長衡は怪訝《けげん》な顔をする知人に対して、こう説明したのです。「私は火箸が惜しいと思っているわけではない。ただ、私がこの借家を出た後、次に住むようになった人が、ふとした拍子に敷板を踏み抜いてしまうこともあるかもしれない。そのとき、私が落とした火箸のせいで足を傷つけたらいけないと思って、こうして探しているのだ」と（参考＝廣池千九郎著『新編小学修身用書』巻之一、復刻版はモラロジー道徳教育財団刊）。

自分自身を大切に思うのと同じように他の人のことを思う「思いやりの心」。それは「目の前にいる人に対して、優しく接する」「相手の気持ちを察して、親切にする」というだけでなく、もっと広く、多くの人たちに対しても向けることができるという点に、この話は気づかせてくれるのではないでしょうか。

「心」は見えていますか

人にはたらきかける「タイミング」とは

よかれと思って伝えたのに、意図したとおり相手に受け取ってもらえなかった。誰しも一度はそんな経験があるのではないでしょうか。

大学の職員として働くA子さんの体験談です。あるとき就職活動中の二人の学生が、それぞれに希望する職種についての質問をしてきました。それまでやり取りをしてきた中で、二人とも力のある学生だと思っていたため、A子さんは「まずは自分で調べてみたら？」と伝えました。

優しく言ったつもりでしたが、心のどこかには〝このくらい、自分で調べないでどうするの？〟という気持ちがあったのも事実です。

すると一人の学生は、次の日には「自分で調べたら、ここまで分かりました」と言って報告に来てくれましたが、もう一人は、A子さんと目が合うのを避けるような態度をとるようになりました。その後、この学生と話をした同僚によると、「A子さんの指導が怖かった」と言っていたようです。

後日、その学生は、ゼミでも先生から注意を受けたばかりだったことがわかりました。直後にA子さんの言葉を聞き、いつも以上に重く受け止めたようです。

同じ人に同じことを言っても、相手が元気なときと嫌なことがあったときとでは、受け止め方が違ってくるもの。「よかれ」と思って相手に関わる前に、「今、これをしたら相手はどう受け取るだろうか」「このタイミングで伝えることは相手にとってベストなのか」とよくよく考える必要があります。

ともすると私たちは、自分の考えや価値観こそ〝正しい〟と思い込み、そうでない相手に教えてあげよう、変えてやろうと行動しがちです。それが時として思わぬ不和を招きます。行動する前に、一呼吸、相手の「心」に思いを馳せてみましょう。気づかなかった相手の想いや、長所に気づくことがあるはずです。

「よいこと」をしてつらくなる？

なぜ、よかれと思ったことがうまく運ばないのか

私たちの言動は、誰にも見えない自分の心から出ています。その心が温かく、思いやりに満ちたものであれば、これに伴う言動は、相手の立場や気持ちに配慮したものになります。反面、わがままな心に基づいた言動は、相手の目には「自分勝手なもの、不愉快なもの」として映ることでしょう。それでは、自分ではよいと思って取った言動は、相手の目にはどう映るでしょうか。

機械部品の製造会社に勤めるNさんの職場にある日、中途入社のAさんが配属されてきました。Aさんは機械の知識が豊富で、入社一か月ほどで重要な工程を任されるようになりました。ところが、進行が少しでも遅れると、同僚に向かって厳しく、時には執拗《しつよう》に注意することがしばしばありました。

Nさんは職場の先輩として、Aさんに「そんなに細かく注意をしなくても大丈夫だよ」「Aさんの知識が豊富だということは分かるけど……。もっと穏やかに接したほうがいい

と思うよ」などと助言するようにしました。ところが、プライドを傷つけられたのかAさんは聞き入れないばかりか、Nさんの知識・力量を自分のそれと比較しては、反発するようになってしまいました。「本人のために言っているのに、どうして聞き入れてくれないのか……」。思いもよらない反応にNさんは戸惑《とまど》うばかりでした――。

Aさんが周囲から浮いては困るだろうと思って、助言したAさん。「よいこと」をしたはずなのに、なぜうまくいかなかったのでしょうか。

原因の一つとして考えられるのが、助言をした際のNさんの心のはたらかせ方です。本当に相手を思ってのことだったのか。入社間もないAさんを先輩として「教え導いてやる」という高慢な気持ちが入りこんでいなかったのか。疎《うと》んじられている人を導くことで、周囲から評価されたいという心があったのではないか。

同じ言葉をかけるにも、そこに相手を思う「まごころ」の温かさがあるかないかで伝わり方は変わります。

「ありがとう」の効用

買い物行動に表れる心の習慣力とは

「ありがとうございます」

地元のスーパーマーケットで働き始めたYさんは、レジを担当するうちに会計を終えたお客様の行動が二つに分かれることに気づきました。一つは何も言わずに先へ進んでいくお客様。もう一つは「ありがとう」という言葉を店員にかけていくお客様です。〝買っていただいて有り難いのはこちらなのに〟と思いながらも、「ありがとう」の一言を耳にするたび、Yさんは自分の中に元気が湧いてくるのを感じています。と同時に、自分が客側として買い物をする際に「ありがとう」を必ずしも口にしていなかったことにも気づきました。

「ありがとう」とは、漢字で書くと「有り難う」です。「そのように有ることが難しい」という意味であり「当たり前ではない」ということでしょう。

与えられている状態を「当たり前」と思ってしまうと、そのありがたみには気づきにくく、「ありがとう」という言葉も出にくいものです。特に近しい間柄であればあるほど、「分かってくれていて当たり前」「自分も務めを果たしているからお互いさま」などと思い、感謝の気持ちが湧かないことがあります。

例えば子供が親に対して「食事をつくってくれて当たり前」「面倒を見てくれて当たり前」と思ったり、職場でも上司が部下に対して「この程度はやって当たり前」などと思ったりすることはないでしょうか。

人から何かをしてもらったときは「当たり前」という気持ちにとらわれず、素直に感謝のメッセージを伝えたいものです。そうすることで、お互いの心は温かくなり、人間関係もよりよいものになっていくことでしょう。

「ありがとう」のひと言で、よりよく生きる元気が湧いてくることもあるのです。

K子さんの悩み

なぜ上司は仕事を任せてくれないのか

あるアパレルメーカーの販売促進課で働くK子さん（28歳）はこのところ、上司であるS課長との関係に頭を悩ませています。

他部署から今年度に着任したS課長は「みんなの意見も聞いてからでないと」と言っては、すぐには決断を下さない慎重派。即断即決タイプだった以前の上司とは対照的です。新製品の発表会に向け、K子さんの手元にはやるべき仕事が山積みなのに、S課長の決裁がなかなか通らず、予定どおりに事が前に進みません。

〝今度の課長は慎重すぎて優柔不断。決断の遅い人ね〟

いつしかK子さんはそんなレッテルを貼ってS課長に接するようになりました。そんな不満でいっぱいの心の内を感じ取ったのか、しだいにS課長もK子さんを疎んじるようになり、二人の関係は周囲が案ずるほどギスギスし始めたのです。

「私はただ自分に与えられた仕事をきちんと進めていきたいだけなのに。課長が私を信頼して任せてくれさえすれば、うまくいくのに……」

実際にK子さんは、別部署のY係長に相談を持ち掛けました。

想像してみてください。もし、K子さんからあなたがこの件で相談を持ち掛けられたとしたら、なんとアドバイスをするでしょうか?

人は多くの場合、自分の主観で物事を判断しています。相手を評価する場合も、自分が正しいと思う基準で相手を判断します。トラブルに直面した場合でも、自分が正しいと思って相手を責めることが多く、自分を謙虚に振り返ることはなかなかできないものです。

大切なことは、広い視野を持ち、客観的に判断できる力を養うことです。

あなたは必要な「人財」です

サービス日本一の店づくりの秘訣とは

私たちは「自分が正しいと思う道」を進もうとするとき、周囲の人たちの思いに目が行き届かなくなることがあります。これはリーダーシップを発揮する立場、「人を育てる」という立場においては、特に注意が必要なことかもしれません。次に紹介するのは、若くしてコンビニエンスストアのオーナーとなり、「サービス日本一」の店を育て上げた服部《はっとり》玲央《れお》さんの物語です。

幼少期を海外で過ごした服部さんは、日本の学校になじめず、小中学校にはほとんど通わなかったといいます。転機は十五歳で始めたスーパーマーケットでのアルバイト。担当時間外も職場に出て周囲に教えを請いつつ、がむしゃらに働きました。その働きぶりを見込まれ二十歳でコンビニの店長に抜擢《ばってき》されたのです。

ところが任された店では、夜勤のアルバイトの問題行動が目につきます。服部さんは店をよくしたい一心で怠《なま》ける者を叱り、問題のアルバイトを全員解雇。穴を埋めるために昼夜働き通しとなり、吐血するほどの心労を重ねました。そのうちに、こんなことに気づいたといいます。

「私は『人に必要とされる人間になりたい』と思っていました。かつて青少年期に誰からも必要とされていないと感じていたために、スーパーマーケット時代は『必要な存在』と思われることが、最大の生きる喜びであり、目的だったのです。（中略）ところが、店長としての私は、アルバイトスタッフのことを『必要な存在』とは思っていなかった。私ひとりでなんとかなると自分の力を過信してしまった。『必要とされていない』と感じたアルバイトが、店のために汗水流して働こうと思うはずがありません。以来、私は、アルバイトを信頼するように心がけました。そして『あなたは店にとって必要な人財です』ということをしきりに伝えるようにしたのです」

（参考＝服部玲央『学歴なしの不良少年、サービス日本一のコンビニオーナーになる。』角川書店）

心のキャッチャーミット

相手の言葉を正面で受け止めていますか

言葉によるコミュニケーションは、人間関係を形づくるうえで欠かせないものです。しかし、ふだん何げなく交わされる言葉の一つ一つについては、よほどのことがない限り、自分自身を省みることはないのではないでしょうか。

Kさんのチームに新入社員が入ったのはこの四月のこと。当初は自分から意識して声をかけていましたが、やがて自身の忙しさがピークを迎え、声かけの回数が減っていきました。Kさんはそれに気づきながらも〝今は会社にとって大事な時期だし、後ろ姿で示せばなんとかなるだろう〟と、そう自分に言い聞かせて、仕事に集中することを優先していたのです。

半年後のある日、Kさんは課長から会議室に呼びだされました。新入社員から退職の申し出があったというのです。「これまでに退職を考えるような兆候が見られなかったか？」。課長に尋ねられ、記憶を辿ると業務と関係のなさそうな資格の取得について二度ほど相談を受けたことを思い出しました。〝彼はシグナルを発していたのに、忙しさを理由にきちんと向き合っていなかった……〟。

「忙しい」という字は「心を亡くす」と書きます。慌ただしい毎日の中、身近に接する人、日常の仕事の一つ一つにきちんと心を向けられているでしょうか。

忙しいときこそひと呼吸置いて、相手の言葉をしっかりと受け止められる「心のキャッチャーミット」を持つように努めること。相手の真意を読み取るために声のトーンや表情、息づかいなどの変化に気づける心の余裕を持つこと。相手の言葉を、その背景にある心を意識しながら、じっくりと耳を傾けて〝聴く〟という傾聴の姿勢……。それらは親が子に、上司が部下に、先輩が後輩に接するときだけでなく、どのような場合、どのような人に対するときでも大切なことでしょう。

それはよりよい人間関係を築くもとになるだけでなく、自分自身の人間的成長にも不可欠なことであるのです。

勇気と実行の間

正しいと思ったことはなぜ実行できないのか

乗っていた電車の中で途中の駅から、赤ちゃんを抱いた女性が小さな子供の手を引いて乗車してくるのを見たとします。

〝席を譲ったほうがよさそうだな〟

そう気づいたのにうまく行動に移せなかった。そんな経験はないでしょうか。

私たちは、心の中に芽生えた「他の人を思いやる気持ち」を、そのまま実際の行動に移せないことがあります。そこには気恥ずかしさや、拒絶されることへの不安、人任せにする気持ちなど、さまざまな理由があることでしょう。

「思いやり」を行動に移すためには、ひと言でいえば勇気が必要です。ところが「分かってはいるけれど、なかなか行動に移せない」という悩みを持つ人も少なくないでしょう。勇気を実行に移すまでの間には、少しステップが必要なのかもしれません。

「電車の中で席を譲る」という例では、まずは「自分の善意と実行を見守ってくれる身近な人」が一緒のときに試みることも、一つのステップといえそうです。そのような小さな実行を積み重ねると、心のハードルは徐々に低くなり、いつしか一人でも、その場に応じたふるまいが自然とできるようになるのではないでしょうか。

その他のボランティア等でも、「関心はあるものの、なかなか一歩を踏み出せない」という場合は、まずは周囲に経験者がいないか探したり、同じような思いを抱いている友人を誘ってみたりすることで、参加しやすくなるのではないでしょうか。そうして善意の輪が広がっていくことは、私たちを取りまく社会がよりよくなっていくことにもつながります。

勇気ある思いやりの実行は、その行為の結果を受け取る相手だけでなく、行った本人にも大きな喜びをもたらしてくれます。その喜びが、私たちをさらなる実行へと向かわせるのです。

その親切「ちょっと待った？」

私とあなただけでなく第三者にもよいことですか

「相手のことを思いやり、進んで親切にする」というのは大切な道徳です。ただし、時に「目の前の相手に対する思いやりや親切」だけでは不十分になる可能性があるもの。総合人間学モラロジーの創建者・廣池千九郎（法学博士、一八六六～一九三八）に、次のようなエピソードがあります。

昭和四年（一九二九）三月、廣池が二人の随行者と講演先へ向かう道中での出来事です。乗っていた汽車が途中の駅で止まり、下車を促されました。復旧を待っていたら講演時間に間に合いません。一行は駅前でタクシーを頼み、三人を乗せて目的地まで二十円で行ってもらうことになりました。出発しようとしたとき、二人の人物がやってきました。一人は「重要な仕事があって急いでいる」という会社員風の男性。もう一人は「どうしてもすぐ家に帰らなければならない」という女学生です。駅前のタクシーは出払い、廣池たちの一台を残すのみでした。

気の毒に思った随行者は「どうぞ、どうぞ」と同乗を勧めました。ところが、その人たちが車に乗り込もうとした瞬間、廣池が口を開きました。

「ちょっと、お待ちなさい。私たちは目的地まで、三人で二十円という契約をしたのです。あなた方二人が加われば、その分ガソリンが余計にいるでしょうし、タイヤも傷《いた》むでしょう。それでは運転手さんが気の毒だから、私たちもあなた方も全員、一人五円ずつ出すことにしませんか」

つまり、五人で合わせて二十五円を支払うことにすれば、運転手は五円収入が増えるというわけです。そこには「同乗を頼んできた人たちも、多少負担をしたほうが気兼ねなく乗れるだろう」という配慮もありました。廣池たちの一行も少々窮屈な思いはすれど、当初より五円安く済む。種明かしが済むと、廣池はこう言いました。

「これで三方、どちらもよいことになるでしょう」

同乗者も運転手も提案を喜んで受け入れたことは、いうまでもありません。

ホウ・レン・ソウのレベル感

なぜあの人の報告は上司に喜ばれるのか

どんなに大きな仕事でも、小さな仕事でも、仕事の基本はホウ・レン・ソウ（報告・連絡・相談）にあるといわれます。仕事の進み具合や結果を報告し、新しい事柄などは連絡し、大事な物事の決定や処理は相談して行う、ということです。誰でも知っている基本ですが、あなたの職場ではどうでしょうか。

たとえば、上司から「この会議資料を総務課のMさんに届けてください」と頼まれたとします。それくらい誰にでもできる簡単なことで、あなたはすぐに届けるでしょう。しかし、そのまま黙ってデスクに戻って仕事を続けたとしたらどうなるでしょうか。

上司は心の中で「さっきの資料はちゃんと届けてくれただろうか。それとも本人が不在で、他の人に預けたのだろうか」と、気にかけているかもしれません。これが、もし届けたあとに「さきほどの会議資料、確かにMさんにお届けしました」と報告すればどうでしょうか。上司は「ああ、ありがとう」と簡単なお礼を言うくらいでしょうが、これでもう上司は資料の件は気にかけずに済みます。

また、外出するときは、上司や同僚に行き先、居場所を知らせておくのもよいでしょう。それが上司や同僚に安心を与えることになるからです。このようにいつでも、自分の関係する人たちに「安心を与える」という心づかいで仕事に取り組んでいきたいものです。これは処世の術というだけでなく、相手の心をくんだ思いやりでもあります。

この思いやるということは、いつでも、どこでも大切になってきます。私たちは、家族や気の合った友人たちの間では、この思いやりの心を持ちやすいものですが、職場では意外に思いやりの精神を発揮することを遠慮しているのではないでしょうか。

職場でも思いやりの心を発揮したいものです。

「陰徳」を積む

おせっかいは絶対NGですか

国内線や国際線の客室乗務員として、お客様を笑顔にするための「おもてなし」の実践に励んできた、三枝理枝子《さえぐさりえこ》さんのお話です。

あるとき、羽田から札幌へ向かう便の乗務についた三枝さん。旅行会社のツアーに一人で参加した様子の女性が座った途端、両手で腕をさすり始めたことに気づきました。毛布を差し出すと、女性は「ありがとうございます」とほほ笑んで、リウマチの持病があって冷えやすいことを打ち明けました。三枝さんは考えました。機内の温度を上げるには時間がかかる上、他のお客様への影響もある……。そこで思いついたのが、空のペットボトルにお湯を入れ、おしぼりを巻いて簡易の湯たんぽをつくることでした。女性に届けると、とても喜ばれました。

やがて水平飛行になると、ツアーの添乗員がお弁当を配り始めました。それに合わせて、三枝さんたち客室乗務員もお茶を配っていたのですが、先ほどの女性だけがお弁当に手を付けていませんでした。三枝さんは一つの可能性に思い当たりました。「よろしければ」と言って三枝さんが差し出したのは、プラスチック製のフォーク。すると女性は「えっ、何で分かったのですか。お箸《はし》が使えないの。ありがとうございます」と言ってお弁当を食べ始めたのです。

三枝さんは言います。

――私は、「おせっかい」と取られるのではないかと躊躇《ちゅうちょ》して行動を起こさないよりも、その方の思いをはかり、何とか喜んでもらいたい、笑顔にできないかと考え抜いたうえで「思い切って」「おせっかい」することをお勧めします。なぜなら「もしかしたら」と相手を思い、想像力をはたらかせている時間は、着実にあなたの「我《が》」は薄れ、本来の自分自身の優しさに出会っているからです。

（三枝理枝子著『人間力のある人はなぜ陰徳を積むのか』モラロジー道徳教育財団刊）

夢と志

なぜ、あの人は周りに応援されるのか

この先に思い描く夢や希望。その実現のために努力することは、人生を充実したものにしていく上で大切なことです。このとき、忘れてはならないのはどんなことでしょうか。次に紹介するのは、大きな夢を抱いて開業しながらも一時は倒産の危機に陥ったという、ある経営者のお話です。

広島県に本社を置く株式会社八天堂。とろける口溶けの「くりーむパン」で広く知られる同社ですが、そこには経営者・森光孝雅《もりみつたかまさ》さんの反省の体験がありました。パン職人としての修業を終えた森光さんが、広島に店を構えたのは二十六歳のとき。直後から大繁盛となり、十年足らずの間に十店舗以上を展開するまでになりました。ところが無理な拡大で現場に負担がかかり、職場環境が悪化。社員たちが次々と辞め、景気の悪化も相まって、倒産の危機に直面したのです。

おいしいパンで周囲を笑顔にしたくて始めたはずなのに、頑張れば頑張るほど人が離れ

ていく……。苦しみの中で、森光さんは自分に欠けていたものに気づきます。一つは「自分はどれだけ多くの人に支えられてきたか」という感謝の念。もう一つが「自分は何のために経営をするのか」という信条でした。

森光さんは「自己実現のために追うのが夢だとしたら、志とは、他の人のために生きる公の夢」であるとして、次のように述べています。

――自分の夢、自己実現に生きるのも大切なことです。しかし、〝私〟のためだけに生きる人を周りは応援してはくれません。（中略）誰《た》がために生きる〝公〟の志があってこそ、生きがいある人生、働きがいある仕事を手にすることができるのだと、この歳になって実感します（森光孝雅著『人を大切にする三方よし経営』モラロジー道徳教育財団刊）。

どのようにして人や社会の役に立つかを考えてこそ「公の志」を育むことができ、自分の働きがいや生きがいもそこに生まれてくる……。

あなたはの人生の志はなんですか。

傍を楽にする生き方

サービス力の高い会社に共通する考え方とは

私たちが社会の中で担う仕事の多くは、自分一人で完結するものではありません。そこには共に働く仲間をはじめとして、多くの人たちの存在があるのではないでしょうか。

国内に千二百以上の店舗を展開する「カレーハウスＣｏＣｏ壱番屋」の創業者夫妻のもとで長年秘書を務める中村由美《なかむらゆみ》さんは、次のように述べています。

――創業者の宗次徳二《むねつぐとくじ》は「自分以外のすべての人はお客様だと思って接したならば、お互いに心地よく、誰が見ても感じのよい応対となり、会社はよくなる」と言っていました。本来、仕事をするとは、自分以外のすべての人に心を向けて行動し続けることなのです。

私がパソコンに向かって数字を入力しているとき、徳二の妻・直美《なおみ》から「表情！」と声をかけられ、ハッとすることがよくありました。急に来社された方が、私がパソコンの画面をにらむような表情から笑顔に切り替わる瞬間を見たら、どう感じるでしょう。（中略）表情を落とさず、集中し過ぎないこと。そして、お客様に限らず、常に周りに気を配ることの大切さを教えられました。（中村由美著『仕事に差がつく気配りの教科書』モラロジー道徳教育財団刊）

働くとは「傍《はた》を楽にすること」であるともいわれます。それは周囲の人たちに気を配り、少しでも楽しみや喜びを届けながら、自分以外の誰かを支え、世の中の役に立とうと努力することでしょう。見方を変えれば、私たち自身もまた、自分以外の多くの人たちの働きによって支えられ、今を生きているのです。

支えられていることへの感謝の思いと共に「自分もまた、人や社会の役に立つことができている」という実感を持ったとき、私たちは深い充実感を味わうことができるのではないでしょうか。忙しい毎日の中でも、そうした大切なことを見失わないようにしたいものです。

喜びの相乗効果

「私」と「私たち」の意識の差とは

「和をもって貴しとなす」との言葉もあるように、古来、わが国の先人たちは「和」ということを重んじてきました。

「和」の重要性は、チームワークの面からもいうことができます。国内線や国際線の客室乗務員を務めた経験から、現在は「おもてなし」の専門家としてさまざまな企業をサポートする三枝理枝子さんは、ある旅館のサービス向上を支援したときのことについて、著書の中で次のような話を紹介しています。

それは、かねてから「おもてなし日本一」として名をはせていた老舗《しにせ》旅館でのことでした。現場のスタッフの間では、プロ意識ゆえに「私が担当するお客様」への思いが強くなり過ぎて、それ以外のことには目が行き届かなくなるケースもあったといいます。「私」を「私たち」という意識に変えれば、どんなに素晴らしくなるだろう。そう考えた三枝さんは「この旅館に来てくださったお客様は、すべて私たちのお客様」「みんなでお出迎えをして、みんなでおもてなしを」という方向へと意識を変えるように促していきました。

チェックインの後、客室への案内を担当するスタッフは、お客様との会話の中で「お連れの方とはどういうご関係なのか」「どんなことを楽しみにおいでいただいたのか」といったことを聴きだすと、その情報をスタッフの間で共有します。こうして「どんなサプライズやサービスをすれば喜ばれるか」について、複数のスタッフの知恵を結集するようになると、担当者が一人で考えていたときよりもサービスの幅が広がって、お客様の満足度がますます高まったということです。

（参考＝三枝理枝子著『人間力のある人はなぜ陰徳を積むのか』モラロジー道徳教育財団刊）

これは「和」の精神によりもたらされる「喜びの相乗効果」といえるでしょう。

心を高める時間の使い方

効率優先で「ゆとり」を失っていませんか

六月には「時の記念日」があることをご存じでしょうか。「国民の祝日」ではありませんが、その歴史は古く、大正九年（一九二〇）に制定されたものです。

記念日の制定から百年以上を経《へ》て、「時間を守る」「時間を節約する」といったことは、多くの人が実践しているのではないでしょうか。

コロナ禍によって、私たちの暮らしはさまざまな面で変化しました。外出の自粛《じしゅく》をはじめ、仕事上は在宅勤務が推奨《すいしょう》されたり、学校でも休校やオンライン授業等の措置《そち》が取られたりと、「一日の時間の使い方」にかかわる変化を経験された方も少なくないでしょう。

私たちが一日に与えられる時間は、誰もが等しく二十四時間です。その時間をどのように使うか、また、その時間をどのように味わい、どんな価値を見いだすかによって、生活の満足度は変わってきます。

私たちは「短い時間で、できるだけ多くのことをする」ということを、充実した時間の使い方だと思っているところはないでしょうか。

しかし、なんでも「早く、早く」という時間の使い方で生活の満足度が高まるかというと、そうとは限りません。いつも慌ただしく時間に追い立てられるような感覚でいると、そわそわして落ち着かなくなったり、少しの待ち時間でもイライラしたりして、暮らしの中にある喜びや楽しみを感じにくくなっていくような気もします。

「実際に忙しいのだから、仕方がない」という場合もあるでしょう。しかし、私たちの現実の問題として時間が足りないという以上に「心のゆとり」を失って、イライラ、ギスギスしてしまっている場合が多いもの。

「忙しい」「時間が足りない」と感じるときは、もしかしたら、自分自身の生活を「心のあり方」の面から見つめ直してみる必要があるのではないでしょうか。

第4章

未来をつくる

「後味」をよくする

なぜ、あの人は慕われるのか

「せっかくよいことをしたのに」「本人のためを思ってアドバイスをしたのに」よかれと思ってしたことが相手に受け入れられず、自分にとっても後味が悪く、ばつの悪い思いをしたことはありませんか。

総合人間学モラロジーを創建した法学博士・廣池千九郎（一八六六〜一九三八）は、門人や学生に対し、日ごろから「素直になりなさい」と述べていたといいます。廣池の言う「素直」とは、正直、真面目、親切、人の役に立つ、人に喜びを与える、などの言葉に言い換えることもできます。相手の話を聞く場合の素直な態度とは、「自分の立場で聞くのではなく、相手の立場で聴く」ということではないでしょうか。

自分の立場で話を聞いていると、知らず知らずのうちに「自分の関心の持てる部分」に焦点を置き、「自分の価値観」を基準に相手の話を判断してしまいます。同じ話でも、真に相手の立場を思って聴けば、相手を受容し、共感し、相手と同じ状況の中で物事を考え始めます。それは決して「自分の考えを抑え込む」ということではありません。廣池は、こうした素直な姿勢から「相手の人生に尽くす心」が生まれてくると教えたのです。

（参考＝『れいろう』平成二十五年三月号特集所収・池田修「『聞く』から『聴く』へ」）

私たちの心には、人を思いやり、慰め、励まし、生きる意欲と元気を与えるはたらきもあれば、人を責めたり、憎んだりするはたらきもあります。こうした心づかいは、自然に言葉や表情、態度となって表れ、相手や周囲に伝わっていきます。

今、目の前にいる人に対してはもちろん、周囲の人たちにも安心と喜びを与える温かい心づかいを発揮すること。それは、自分にとっても相手にとっても「後味のよさ」を生むだけでなく、人と人との関係をいっそう円満にし、人生をよりよいものへと導いていくことでしょう。

徳を積む「心づかい」

魅力ある人が必ずやっている心の磨き方とは

道徳の実行――それは一言でいえば「よいこと」をすることだと考えられます。しかし「形」として表れる行為だけでなく、目に見えない「自分の心」にも意識を向けていくと、どのようなことに気づくでしょうか。

作法家として活躍する三枝理枝子さんは、次のように述べています。

――いくら人前で美しい言葉づかいや洗練された所作、よい行いをしていたとしても、心の中が相手を見下す思いや、やってやった感でいっぱいだったらどうでしょう。その人の人間力は高まらず、相手や周囲を笑顔にし続けることはできないと思います。私がこれまで実践したり、指導してきたものは、まさに「陽徳」。目に見える形で誰かに認識される行動です。表情、目線、話し方、聴き方、身だしなみ……。どれも相手を喜ばせる、心地よくさせるためには欠かせないものです。しかし、ともすると〝目に見える形だけ整えていけば何とかなる〟ともなりがちです。陽の当たる部分だけ伸ばしておけばいい、陰の部分なんて見なくていい。私自身、そういう認識だったのかもしれません。（三枝理枝子著『人間力のある人はなぜ陰徳を積むのか』モラロジー道徳教育財団刊）

形として目に見える「よい行い」は、もちろん大切です。では、それを行う際の「自分自身の心の内」はどうなのか。また、その行為の結果、相手に喜ばれなかったとしたら、自分は心に何を思うのか……。三枝さんの気づきは、そうしたことを教えてくれているようです。

誰しも「目に見えるもの」は大切に思えても、「目に見えないもの」に対しては意識が薄れがちではないでしょうか。木に例えると、根は土の中に隠れつつ、養分や水分を枝葉に送り続けています。どちらも大切なものですが、根が枯れたなら、枝葉もまた枯れてしまうでしょう。人間の心も同様です。心の力は目に見えないからこそ、意識して養っていく必要があるのではないでしょうか。

やってはいけない「四つ」のこと

あなたはどのように子供と接していますか

「就職」は日常の生活環境、人間関係が大きく変わる一つの「転機」です。客観的にわが身を見つめ直し、自己を理解するとともに、仕事の実情を理解し、適した職業を選び出すためには、周囲の適度なサポートが欠かせません。

Kさん夫婦の長女で大学四年生のM子さん（21歳）は、半年以上の努力が実り、二社から内定を得ることができました。一社は名の知られた大きな会社A、もう一社はベンチャーのB社です。社風の明るいB社に気持ちが傾くM子さんに対し、KさんはA社との意見です。ある日の食卓でKさんはこう口にしました。

「規模があって安定している会社の方が何かと安心だ。社風がよさそうなんて理由で選ぶのは甘いと思うぞ」

よかれと思って発した言葉でしたが、M子さんは黙り込み、その日以来、家族の前で就職の話を一切しなくなってしまいました。

「娘の就活のことでどうも話がかみ合わなくて……」

困ったKさんは、人事関係の部署に長く勤める大学時代の先輩に相談をもちかけました。そこで助言されたのが、子供の就職活動を見守る保護者が「やってはいけない四つのこと」です。

①**無知**　現代の企業や就職活動の知識を持たないまま、昔のイメージや自分の経験だけでアドバイスしても、子供を混乱させるだけになる可能性が大きい。

②**無関心**　ビジネスの最前線で働く父親こそ、子供のよきアドバイザーとなり得る存在。いつでも相談できる相手がいると思うだけで、子供の気持ちは楽になる。

③**押し付け**　子供はさまざまな方法で情報を集めたうえで、選考試験を通して自分の目で会社を見てきており、古い価値観の押し付けは禁物。

④**過保護・過干渉**　事細かに報告を求めたり、口を出しすぎたりして余計なプレッシャーをかける場合がある。子供が相談したそうなときは受け止めるのが理想。

（参考＝日経就職ナビ保護者版）

「目は離して心は離さず」。適度なかかわり方を心掛けましょう。

日ごろは言えない言葉

絶対に後悔したくない人が始めるべきこと

元消防学校教官の鎌田修広《かまたのぶひろ》さん（株式会社タフ・ジャパン代表）は、東日本大震災以降、毎年訪問を続けている地域の消防団関係者とのかかわりの中で、忘れられない瞬間があるといいます。

それは消防団のメンバーが、家族連れで集った席でのこと。家族に向けた「日ごろは言えない感謝の言葉」を一人ずつ伝え合った際、ある団員の奥様が次のような思いを語ったというのです。

「震災後は毎日、『今、命があること』に感謝して、精いっぱい生きています。たとえ夫とけんかをした翌日であっても、絶対に後悔しないよう、ちゃんと朝早く起きてお化粧を済ませ、毎日満面の笑顔で『気をつけて行ってらっしゃい』と見送るようになりました。私たちはこんなことぐらいしかできないけれど、世の中、何が起こるか分からない。もうこれ以上、後悔だけはしたくないのよ」

ここで生きていく覚悟を涙ぐみながら語られたその言葉に、鎌田さんは「家族愛や隣人愛、郷土愛を〝見える化〟するため、利他的なエネルギーを発揮して具体的な行動を起こしていくことこそ、防災の本質。その意味でも『防災』と『道徳教育』はセットでなければならない」と確信したそうです。（参考＝鎌田修広著『愛と絆で命をつなぐ「防災道徳教育」モラロジー道徳教育財団刊）

鎌田さんは言います。

「最後の言葉や最後の姿は、ずっと記憶に残り、生き続けます。私たちに今すぐできることは、まず大切な人に対する感謝の気持ちを、心を込め、言葉として伝えていくことではないでしょうか」と。

何点だったら安心できるの

それって親のエゴですか？

親と子の間では、時にさまざまな葛藤が生じます。それは「一番身近な存在だからこそ」「お互いを大切に思っていればこそ」という面もあるでしょう。

T美さんは、中学一年生の健太君（12歳）が持ち帰ったテストの答案を見て愕然《がくぜん》としてしまいました。ふだんから「勉強、勉強」と言うほうではなく、初めての定期テストにあたっても健太君の自主性に任せてきました。それでも、あまりにも低い点数がついた答案を前にすると、不安と心配が先に立ちます。

その晩、子供たちが寝静まった後、夫のMさんがT美さんに話しかけました。

「まあ、今回は中学校で初めてのテストだ。健太にも思うところがあったみたいだし、次はもう少し勉強のやり方を考えるんじゃないかな」

あまり心配していなさそうな口ぶりに、T美さんはこう返します。

「私だって、テストの点数だけがすべてとは思わないけれど、実際にあんな点数を見たら……健太の将来が心配だもの」

するとＭさんがこんな疑問を口にしました。

「でも実際、健太が何点を取ってきたら安心できるのかな。『安心できる点数』なんて、ないんじゃないか」

Ｍさんの言葉に、Ｔ美さんは考え込んでしまいました。

子供が成長過程では、親の心配は尽きることがなく「この子が幸せな人生を歩んでいけるように」と願えば願うほど口やかましくなり、その結果、当の子供から反発を受ける場合もあるでしょう。

そんなときは、ひと呼吸置いて「自分自身の歩んできた道」を振り返ってみるのもいいのかもしれません。その関係性を見つめ直すとき、心にどんな思いがわき起こるでしょうか。

お母さんの料理の隠し味

適当なのに味が同じになるわけとは

ふだん、当たり前のように家族みんなで囲んでいる食卓も、そこに並んだ料理や人など、一つ一つをあらためて見つめてみると、何か新しい発見があるかもしれません。ある少女の綴ったエッセイをご紹介します。

※

お母さんのぎょうざはとびきりおいしい。私はお母さんのぎょうざが大好きだ。おばあちゃんの家へ行った時、おばあちゃんがぎょうざを作ってくれた。私もぎょうざつつみを手伝った。いただきますのあいさつをして食べてみた。やはりおいしい。けれど私は不思議に思った。お母さんのぎょうざと、おばあちゃんのぎょうざの味は同じなのである。

私はお母さんとおばあちゃんに聞いてみた。「このぎょうざには何が入っているの？」と。すると、お母さんとおばあちゃんが言った。「適当だよ」

私はびっくりした。適当なのになぜ味がいっしょなのか。お母さんが言ってくれた。「なぜ同じ味なのかわかる？　私だって小さいころはわからなかった。でもね、おばあちゃんのぎょうざをいっぱい食べてきたから同じ味なんだ。味がうけつがれていくんだよ」。私はこの時初めて知った。ずっとこの味はなくならないんだ。絆だなと感じた時だった。

（モラロジー道徳教育財団主催「生涯学習フェスタ二〇一三」家族のきずなエッセイ・柏市教育長賞受賞作品）

※

必ずしも「特別なごちそう」が並ぶわけではない「日常の一コマ」であったとしても、また、実際に家族がそろって食卓を囲む機会が一週間や一か月に一回であったとしても、「家族を思いながら一日一日を丁寧に生きる親の後ろ姿」があったならば、それは大切な思い出として、子供たちの心に残るものでしょう。

「今やろう」と思ったのに

相手を思うからこそ気をつけたいこと

「宿題を忘れるのは、もう三回目だぞ。きちんと連絡帳を確認しているのか?」

「すみません。でも……」

K君は土曜日の晩にテレビを見てから宿題をしようと思っていたこと、そのときにお母さんから宿題をするように言われて、やる気がなくなってしまったことを担任の先生に思い切って話しました。K君の話をほほ笑みながら聞いていた原田先生は、すぐにキリッとした表情になって言いました。

「確かに、きみは宿題をしようと考えていたのかもしれないし、そのことはお母さんには分からなかったかもしれない。でも、きみがいちいち言われなくても宿題をする子だったら、お母さんもそんなに心配しないいんじゃないのかな」

「うーん……」

今からやろう、と思っていたことを他者から指摘されたとたん、力が抜けてしまう。それは、誰もが思い当たる心のはたらきではないでしょうか。

一方で、他者の指摘を「余計なひと言」ととらえたままでは、やるべきことにいやいや取り組まざるを得なくなるでしょう。また、指摘した相手に不満を抱いたり、自分も相手の不手際をことさら指摘したりすることにもつながりかねません。

しかし、同じ「やらなければならないこと」であるのなら、前向きに取り組みたいものです。仕事にしても、「与えられて仕方なく、いやいや取り組んだ仕事」と「みずから目標を達成する喜びを持って取り組んだ仕事」や「相手に安心をもたらすつもりで取り組んだ仕事」とでは、できばえも達成感も異なるのではないでしょうか。

また、たとえ指摘を受けたとしても〝気にかけてくれてありがたい〟といった前向きなとらえ方ができたなら、やる気を失うことなく、相手への感謝の気持ちに変えることができるのかもしれません。

言葉に秘められたもの

子供の心が育つ母親の言葉掛けとは

私たちがふだん、何気なく使っている言葉は、たった一言でも人を喜ばせたり安心させたりする力を持っています。文筆家の有吉忠行《ありよしただゆき》さんは、スーパーマーケットでたびたび目にした、ある親子の姿とその会話を次のように紹介しています。

三、四歳くらいの男の子が商品に思わず手をのばそうとする。あるいは、少し走ろうとする。すると、母親は静かに言う。「あら、約束は……」。

スーパーで、してもよいことと、してはいけないことが、母と子の間で、ちゃんと約束されているらしい。でも、禁止の約束ばかりではない。リンゴなど数の物を買うときは、母親が、「さあ、五つ買いたいの、お願いね」と言えば、男の子は、母親が一つずつ籠《かご》に入れるたびに「ひとーつ」「ふたーつ」と声を出して数える。そして、男の子が「いつーつ」と言い終わると、母親は、本当に少し頭を下げて、ちょっぴり、おどけて言う。

「はい、五つ、ちゃーんと買えたわ。ありがとうございました」

店内が混んでいないときは、母親の提《さ》げたカゴに男の子の手をそえさせて、「一緒に持ってくれるから、お母さん、助かるわ。ああ、らくちん、らくちん」。

やがて買い物を終えレジを出る。すると今度は決まって、もう一つのことが始まる。母親は、買った品物の中から何かを選んで、男の子に背負わせてきた小さなリュックに、「じゃあ、今日は、これ、お願いね」と言いながら入れてやる。……こうして、今度は母親が「お母さん、うれしいなあ」「お母さん、本当に、うれしいわ」などと、必ず〝うれしい〟という言葉をそえて、母の心を子の心に届け、二人は笑顔を見合わせながら外へ……。〝ありがとう〟〝うれしいわ〟などの言葉の中に秘められた、母親の本当の喜び。私は、この母親に出会う度に、不思議なほどの幸せをいただいたものでした。

（参考＝有吉忠行著『すばらしき母親の物語』モラロジー道徳教育財団刊）

自然と生きる

地球環境を考えるうえでの原点とは

自然の中に「人間の力を超えた大きな力」の存在を認めた先人たちは、大自然を畏《おそ》れ、敬ってきました。そして大自然の偉大なはたらきによってもたらされる恩恵を自覚し、これに感謝しながら、自然と共に生きてきたのでしょう。

科学が発達するにつれて、大自然の謎が次々と解明されるようになりましたが、時代がどれほど進んでも、人間もまた自然の一部であり、自然に依存して生きているという事実は変わりません。

例えば、もし太陽と地球との間の距離がもっと近かったり遠かったりしたなら、そもそもこの地球上に生命は誕生していなかったでしょう。こうして考えてみると、私たちが今ここに生きているということ自体が奇跡的なことであり、まさに「有り難いこと」に思えてくるのではないでしょうか。それは「大自然のはたらきの中で生かされて生きている」といってもいいのかもしれません。

自分のいのちは自分のものですが、それは同時に「大自然の中で育まれ、与えられているいのち」でもあります。そうした認識が、私たちの心に知らず知らずのうちに湧き起こる慢心に歯止めをかけることになるのではないでしょうか。

また、自分自身が「すべてのものとつながった大自然の一部分」であるということは、私たちの生き方を大自然が後押ししてくれていると考えることもできます。今ここに生かされて生きていることに感謝して、与えられたいのちを十分に生かすことができるよう、日々の生活の中で自分自身のできることに努力する。そうした生き方を志すことで、私たちはいっそう力強く歩んでいくことができるのでしょう。

人間の力を超えた大自然に対する感謝と畏敬の念は、豊かな心を育みます。先人たちが培ってきたこうした心を見直すことは、日本人としての精神的な支柱を確固たるものにすることにつながっていくのではないでしょうか。

無慈悲の慈悲

なぜ、あの人は厳しいのに慕われるのか

「人間はタフでなくては、生きていけない。やさしくなければ、生きている資格がない」。レイモンド・チャンドラー（アメリカの作家）の言葉です。

「やさしさ」……。一見、とらえどころのないような言葉ですが、私たちは日常生活の中で、いつもやさしさに接しています。この言葉から、あなたはどのようなイメージを浮かべるでしょうか。

薬師寺元管主の高田《たかだ》好胤《こういん》師（一九二四〜一九九八）は、ある講演の中で次のように語っています。

「私は小学四年生で父親を亡くし、当時、薬師寺の住職だった橋本《はしもと》凝胤《ぎょういん》師に引き取られました。師匠はたいへん偉い人で、また怖い人でもありました。お客さんが来られると、私ども小僧がお茶とお菓子をお出しします。そのときに師匠から『お茶の運び方がいかん』『出し方がいかん』といって、人前でこっぴどく叱られました。何度も人前で叱られて、

子供心に恥ずかしい思いをしたものです。

そんなときの私は『お父ちゃんさえ生きていてくれたら、こんな悔しい目に遭うことはなかったのに……。なんで父ちゃんは死んだんだ』と父親を恨みました。お客さんの前で私をこっぴどく叱りつける師匠を恨んだこともあります。

けれどもその師匠が〝明日、小僧の運動会だ〟〝遠足だ〟という日になると、その前の晩に、坊主頭にはち巻きをして、のり巻きやお寿司を一生懸命つくってくれる、そんな師匠でもありました。

「訓導して厳《げん》ならざるは師の惰《おこた》りなり」（『古文真宝』）という言葉があります。

師匠は確かに厳しい人でしたが、その厳しさは弟子への厳しい愛情でもあったことが、後になって分かりました。師匠は、私どもにとって無慈悲に思えたものです。しかし、今にして、そこからにじみ出る慈悲がほのぼの思い出され、胸が熱くなるような、そういう〝無慈悲の慈悲〟があると思います」（『社会教育資料』第九十七号　広池学園出版部刊）

大人と子供を分けるものとは

してもらうことばかり期待していませんか

令和四年四月一日から、成年年齢が十八歳に引き下げられました。成年になることで法律上許される「自由」も広がります。では、誰しも十八歳になれば「子供」から「大人」になるのでしょうか。

よくよく考えてみると、誰しも生まれてすぐの頃は、身の回りのことも満足にできなかったはずです。ここから家族をはじめとする周囲の大人たちのお世話を受けることで、心身共に成長してきたのでしょう。その成長の度合いにしても「自分のことは自分でできる」というだけでなく、徐々に周囲の人たちの状況にも目を配ることができるようになっていき、自身も「誰かのお世話をする側」の立場へ。そうした変化もまた、「大人になる」ということではないでしょうか。

自分一人のことだけでなく、周囲の人たちのことを考える。また、家族や友人などの身近な人のことだけでなく、地域社会のこと、日本の国全体のこと、さらには世界のことへと視野を広げた上で、「その一員としての自分自身にできること」を考える……。幼い頃に周囲の大人たちによるお世話を受けてきたように、「誰かに何かをしてもらうこと」は一つの幸せでしょう。しかし、いつまでも「してもらうこと」を期待するばかりでは、「してもらえなかったとき」には不満が募ることにもなりかねません。また、「自分のことは自分でできる」というのも幸せの一つといえますが、もう一歩進んだ段階にあるのは「自分が誰かの役に立っている」ということを実感したときに味わう喜びであり、幸せではないでしょうか。

「誰かのお世話をする側」の立場になることを、進んで受け入れる。そして、そこにある「幸せ」を味わえる人を、人は「大人」と呼ぶのかもしれません。

あなたはどう考えますか？

意外な言葉に潜む温かい心

弟子たちに破門を告げた禅師の深い配慮とは

言葉によって、思いや考えを相手に伝え、大きな感激や感動を生むと同時に、それが人々の心を大きく変えるきっかけになることもあります。

江戸時代、盤珪永琢《ばんけいようたく》禅師（一六二二〜一六九三）が弟子たちといっしょに修行していたとき、悪行で親から勘当された悪童が寺に入ってきました。寺に来てからも悪行は収まらず、寺の物を持ち出しては骨董屋《こっとうや》に売りさばくありさまです。

悪い噂は広がり、盤珪禅師の名や自分たちの信用にも傷がつくと考えた弟子たちは、悪童を破門《はもん》するよう願い出ました。盤珪禅師は一応了承しましたが、破門する気配はなく、図に乗った彼はますます悪事を働いていきました。弟子たちは再びお願いしましたが、盤珪禅師は「一日待ってほしい」と言っただけでした。

ところが、次の日も悪童はそのままです。ついに怒った弟子たちは「彼を破門しないならば、私たちが寺を出て行きます」と盤珪禅師に詰め寄りました。

盤珪禅師は、きっぱりと答えました。

「そんなに言うのであれば、おまえたちが寺を出て行きなさい」

意外な言葉に弟子たちは驚き、「なぜ私たちを破門するのですか」と問い直しました。すると師は、「おまえたちは寺を出ても立派にやっていけるから心配ない。しかし、彼は破門されたら、もう行くところがない」と諭したのです。この言葉を聞いて、弟子たちは初めて禅師の深い思いやりに気づき、感激にふるえました。この様子を陰から見ていた悪童は、その後、人が変わったように修行に励んだということです。盤珪禅師の言葉は、弟子たちにとって意外そのものでした。しかし、そこには弟子たち一人ひとりに対する深い慈悲の心が込められていたのです。

言葉には〝言葉づら〟だけでは表せない、深い思いが入っていることがあります。その思いが相手に伝わると、相手は大きく変わり、新しい気づきと喜びが生まれるのです。

注意に込める思いやり

指摘がうまい人、うまくない人の差とは

「危ないじゃないか！　ライトをつけて走りなさい！」

年度末のある夜のことです。仕事帰りのAさんが、バスを降りて自宅近くの路地に入ったとき、後ろからライトをつけずに走ってきた自転車がありました。

接触しそうになって慌てて身を引き、反射的に大声で注意をしたAさん。その声は相手に届いた様子でしたが、何も言わずに走り去っていきました。

〝まったく……なんてやつだ〟

近ごろ話題の「歩きスマホ」、ヒヤッとするような自転車の運転……。そんな迷惑行為を目にしたとき、何を思い、どのような行動を起こすでしょうか。禁煙場所での喫煙や電車の中での携帯電話の使用などを注意したことが原因で、言い争いに発展し、時には思わぬ事件を招くことすらあります。

Aさん自身、最近は「注意の声かけ」の試行錯誤を重ねるうちに、一つ、思い至ったこ

とがあります。それは「迷惑運転をする人は、その行為がマナー違反であることに気づいていない場合もあるのではないか」ということです。そうしたことも考慮して、相手のプライドを傷つけないように、言われる側の立場に立って声をかけることが大切だと気づいたのです。

例えば、「危ないからライトをつけてくださいね」と、手短にはっきりと伝えるようにし、小学生くらいの子供の場合は「ライトが消えていると危ないよ」と、優しく声をかけるようにしました。感情的にならず、相手に違反の事実だけを伝えるようにしたのです。〝誠意を持って伝えた結果、その非を認めて改めるかどうかは相手に委ねよう〟と考えると、心が穏やかになっていくようでした。

他人の欠点や過ちを正そうとするときの私たちの心には、往々にして高慢な心が潜んでいるもの。注意の声かけをする際は、正義感で相手を打とうとする心ではなく、「相手の幸せを祈る優しい心」で謙虚にこれを行いたいものです。

K先生のノート

なぜ、あのクラスの子供たちは育つのか

小学校の元校長であるK先生が若い頃に学級担任を務めていた時代のことです。K先生は給食の準備中など、少し手が空いた時間には、机に向かって一冊のノートを開くことを日課にしていました。

そのノートは、クラスの子供たちの様子について記したものです。K先生は子供たちと過ごす中で印象に残った出来事を短い文章にして、毎日少しずつ書きためていたのです。友達を助けてあげていた子のこと。不得意なことにも一生懸命取り組んでいた子のこと。仕事を進んで引き受けてくれた子のこと……。学校生活を送る中での一人ひとりの行動や成長に注目した内容です。四月に書き始めたノートは、一か月、二か月とたつうちに、びっしりと埋まっていきました。

六月を迎える頃、K先生は自分で書いたそのノートを読み返します。すると、「まだ何も書けていない子」がいることに気づいたそうです。クラスに四十人もいると、おとなし

い子も、これといって問題がないために目立たなくなってしまう子も、中にはいたのでしょう。

ここから先は「まだ何も書けていない子」のことを気にかけて、日常の様子をよく見るようにしたそうです。そうすると、何かしらの「ノートに書くべき事柄」が見つかるものです。それでも書けなかったときは、ちょっとした仕事の手伝いを頼んだといいます。K先生は言います。

「日頃からそのように心がけてきたおかげで『通知表の所見欄に書くことが見つからない』ということはありませんでした。ノートに書いたことは、すべて『実際にあった最近の出来事』ですから、何年も連続して受け持った子でも常に新しい発見があって、成長を喜んだり、善行をたたえたり、努力を励ましたりといった材料には事欠かないのです」と。

K先生の実践は、学校の先生という立場を越えて、誰にとっても大切なことを教えてくれるのではないでしょうか。

ウクライナに思う

人はなぜ祈るのか

私たちの心は、目で見ることはできません。しかし、心に思ったことは私たち自身の言動を左右して、知らず知らずのうちに身近な人たちとの関係にも影響を及ぼすものです。今、忙しい日常の中で、身近に接する人たちに対して、しっかりと心を向けることができているでしょうか。

「人を思う心」は、直接的に接する相手に向けられるだけではありません。ここで考えてみたいのが「祈る」ということの意味です。

ロシアによる侵攻を受けているウクライナの人たちに思いをはせ、千羽鶴《せんばづる》を駐日大使館に贈ろうとする行為が、インターネット上を中心に物議を醸《かも》したという出来事がありました。確かにそれは、具体的に何かの役に立つような支援物資とは異なります。また、実際に物を贈るとなれば、受け取る側の意向を確認するのも重要なことでしょう。

しかし、鶴を折った人たちの思い、大変な状況に置かれている人たちのために祈り、平和への願いを込めて鶴を折るという行為自体は、批判を受けなければならないものだったのでしょうか。

誰かが自分に温かい思いを向けてくれていたことに気づいたとき、勇気づけられたり、心が温かくなったりしたという経験は、多くの人にとって覚えがあるものではないでしょうか。相手と実際に接する機会がなく、直接的にできることは何もなかったとしても、相手の幸せを祈ることは、いつでも、どこでも、誰にでもできます。

「人を思う」という温かい心は、私たちが生きていくうえで忘れてはならないものであるように思うのです。具体的な支援などの目に見える行動も、そうした心をもととして生まれてくるものではないでしょうか。

「どうぞ今日一日を幸せに」の心で

挨拶の上手な人が伸びる理由とは

挨拶をまったくしない人、心はどうであれ形としての挨拶だけはする人、相手に対する思いやりの心を乗せた挨拶をする人……。その差はわずかのようですが、一日一日と積み重ねていけば、やがて大きな差となります。

「おはよう」という一日の始まりの挨拶から、周囲に喜びを与えることができる人には、きっと温かな人間関係がもたらされるでしょう。それだけではありません。日々、心をプラスにはたらかせることで、その人自身の心が大きく育っていくのです。

例えば、職場に着いてドアを開け、「おはようございます」と挨拶をするときには〝どうぞ今日一日、ここで働くみんなが無事でありますように〟と、プラスアルファの心を添えてみましょう。不平不満の気持ちで行う挨拶と、相手の幸せを祈って行う挨拶。言葉は同じでも、それを受け止める相手の印象は、まったく違ったものになるはずです。

そうして、いつも相手を思いやる「祈りの心」を添えていくことで、知らず知らずのうちに、同僚や上司から「あの人には話しかけやすいし、何かと物事を頼みやすい」「責任のあることを任せても、きちんとやってくれそうだ」と思われるようになり、だんだんと信用が形づくられていくのではないでしょうか。

たかが挨拶、されど挨拶。

私たちは日々、人と挨拶を交わすときに、心に何を思うでしょうか。「相手の幸せを祈る挨拶」を習慣づけることで、自分自身の心が豊かになり、おのずと見える景色も変わっていくことでしょう。

挨拶に「心」を乗せて

おもてなしの達人がやっている挨拶の極意とは

「おはよう」「行ってらっしゃい」「こんにちは」「お先に失礼します」……。

家庭や職場、学校、そして地域で、人と人とが交わす挨拶。私たちは、時と場合に応じたさまざまな挨拶を交わすことで、人間関係を整えています。

私たちは日ごろ、一つ一つの挨拶にどのような「心」を乗せて、相手に届けているでしょうか。

大手航空会社の客室乗務員として活躍した後、現在はマナーや心配りに関する研修等を手がける作法家の三枝理枝子さんは、客室乗務員になるための訓練中に、教官から「挨拶は自分から先にするもの」ということを徹底的に教えられたといいます。以来、飛行機を利用するお客様だけでなく、どんなときも、どんな立場であっても、出会ったすべての人に対してこれを実践してきたそうです。その心は、こんなふうに表現されます。

あ……　明るく

い……　いつも
さ……　先に
つ……（ひと言）続けて

三枝さんは「挨拶は、その人がいると存在を認めているからこそ、声をかけるもの。挨拶そのものが、相手の存在、価値を認める行為」であるとも述べています。また、挨拶の後に「相手を思いやるひと言」を添えることができれば、なおよいでしょう。

（参考＝『人間力のある人はなぜ陰徳を積むのか』モラロジー道徳教育財団刊）

自分の存在を認めてもらえたら、誰でもうれしい気持ちになるものです。たったひと言の声かけの工夫によって周りの人たちの心が明るくなり、家庭や職場が和やかになるなら、私たちの暮らしも、より心豊かなものになるはずです。

まずは自分から一歩を踏み出して、日常の挨拶にこんな意識づけをしてみてはいかがでしょうか。

「責める心」を乗り越える

いつもイライラしていませんか

私たちはふだんの生活の中で「誰かに何かをしてもらった」と目に見えて分かるときには、その相手に対して感謝をします。しかし、私たちの日常の大部分は、むしろ私たちが気づいていない「誰かの心づかい」によって成り立っているといえるのではないでしょうか。何げない心づかいが行き届いていることで、快適な空間がつくられ、安心できる環境が整えられているとも考えられます。

ところが、私たちはそうした環境も「当たり前」と思い込んでおり、そこにある心づかいにはなかなか気づきません。

たとえば、人と生活や仕事を共にする中では、その人の「よくないところ」が目に付いて、腹立たしく思うこともあるでしょう。とはいえ、それがその人の一面に過ぎないことは、言うまでもありません。そこをなじったり、とがめたりするばかりでは、私たちの日常はずいぶんと重苦しいものになってしまいます。

そうならないためには、他の人へのまなざしを「責める心」から「受け止める心」「許す心」へと、徐々に変えていくことが大切です。少々のことであれば、「自分にもそういうことはよくある」というように、やわらかく受け止め、受け入れる心のありようです。

そのうえで今一度、みずからの周囲をつぶさに見渡してみれば、誰かの「見えない心づかい」を見つけることができるはずです。

それを多く見つければ見つけるほど、私たちの毎日は喜びと感謝に満ちたものになっていくことでしょう。

分かち合い、掛け合わせる「幸せ」

引き算人生と足し算人生の差とは

私たちの生活は、家族や友人、職場の同僚、近所の方など、常に多くの人たちとのかかわり合いの中にあります。その意味で、私たちの幸福感は、そういった人たちといかに気持ちよく温かくかかわることができるかに左右されるといえるでしょう。例えば、誰かの幸せを減らすようなことをする人は、やがて周囲から疎まれ、過ごしにくくなるものです。逆に誰かの幸せを大きくしようとする人の周りにはよい人が集まり、その温かさに包まれながら幸せな毎日を送ることができるはずです。

『論語物語』などで知られる作家・教育者の下村湖人《しもむらこじん》（一八八四〜一九五五）は著作の中で、そうした人生の極意を「そろばん」にたとえて紹介しています。

「引き算と割り算は、数の勘定に役に立つだけでもうたくさんです。人間と人間との関係に引き算や割り算があってはなりません。人生の営みは、すべて足し算と掛け算でいきたいものです」（新装版『青年の思索のために』ＰＨＰ研究所）

人とかかわるほどにマイナスの感情が引き出されたり、誰かの幸せが減ったりするような人間関係は、「引き算」や「割り算」であるといえるでしょう。

これに対して、お互いにとってプラスになるのが「足し算」の生き方であり、それ以上に創造的なのが「掛け算」であるといいます。「掛け算の人生になると、甲の人の力は乙の人の中に、乙の人の力は甲の人の中に溶けこんで、おたがいに力を強め合うのです。つまり自分を忘れ、他を生かそうとするところに、二と三が五にならないで六になる、掛け算の秘密があるのです」(前掲書)

喜びや幸せは、自分一人で味わうより、他の人々と分かち合うことで、いっそう大きくなるものです。さらに進んで、自分の努力や苦労の結果を、他の人の喜びや幸せのために差し上げる。そんな心をもって自分を高める努力を重ねる人こそ、自他共に幸せを増していく「掛け算」の人生を送ることができるのではないでしょうか。

私を支えてくれた人たち

なぜ、困った時に「お世話になった人」を思い起こすのか

つらく苦しく、悲しい体験をしたとき、身にしみて感じられる人の心の温かさ。しかし、その温かい思いとは、そうした非常のときだけでなく、私たちの日常のそこかしこに息づいているものではないでしょうか。

自分自身の思うようにならないことがあったり、マイナスの体験をしたりすると、その出来事だけにとらわれてしまい、心づかいもマイナスになりがちです。

そんなときは、「自分が生まれてから今までに、お世話になった人の名前」を紙に書き出してみるのも一案です。名前が思い出せない場合は「いつごろ、こういうときにお世話になった人」という書き方でも構いません。

用紙を四つ折りにして、表裏にできる八つの欄に、家族や親戚などの身内の人、幼稚園・保育園や塾などを含めた学校で縁のあった人、友人、地域の人、その他の衣食住や医療にかかわる恩人、そして会社関係というふうに見出しをつけると、空欄が埋めやすくな

ります。書き出す過程でどんなことを思い、気づくことができたか、じっくりと自分の心の中を観察してみましょう。

独りのように思えても、多くの人たちが「温かい思い」を向けてくれているものです。それは今現在、生きて身近に接する人だけではありません。すでに亡くなった親祖先も、何かしらの「温かさ」を残してくれているものでしょう。

つらく苦しいときこそ、私たちの日常に息づく「温かい思い」に目を向けてみてはいかがでしょうか。そうして、自分の生きる世界にプラスの意義を見いだしたとき、とらわれていたマイナスの思いから抜け出すことができるでしょう。

また、そのとき〝自分自身も周囲の人や後世へ「温かさ」を伝えられる人になろう〟という意志も芽生えてくるのではないでしょうか。

無財の七施

いつでも、どこでもできる思いやり

〝自分は忙しいんだ〟〝自分はこうだと思うのに……〟

そんなふうに思い込み、自分のことで頭をいっぱいにしていると、周囲に気を配ることはなかなかできないものです。

しかし、人間は「誰ともかかわり合うことなく一人で生きる」ということはできません。普通に暮らしていても、多くの人と接するものでしょうし、そもそも私たちの生活は、直接顔を合わせることのない人も含めて、さまざまな人のはたらきのうえに成り立っています。そこでお互いに気持ちよく暮らしていくためには、温かい思いやりの心が不可欠でしょう。思いやりの心とは、自分自身の心がけ一つで、いつでも、どこでも、誰にでも発揮できるものです。

その手がかりとして、『雑宝蔵経《ぞうほうぞうきょう》』という仏教の経典の中に「無財《むざい》の七施《しちせ》」という教えがあります。ここには、財産がなくても他人に施しを与えることができる七つの方法が示されています。

一、**眼施《がんせ》**　好ましいまなざしをもって他人を見ること。
二、**和顔悦色施《わげんえつじきせ》**　にこやかな和らいだ顔を他人に示すこと。
三、**言辞施《ごんじせ》**　他人に対して優しい言葉をかけること。
四、**身施《しんせ》**　他人に対して身をもって尊敬の態度を示すこと。
五、**心施《しんせ》**　よい心をもって他人と和し、よいことをしようと努めること。
六、**床座施《しょうざせ》**　他人のために座席を設けて座らせること。
七、**房舎施《ぼうしゃせ》**　他人を家に迎え、泊まらせること。

（参考＝中村元著『広説佛教語大辞典』東京書籍）

この教えに見るように、思いやりの心を発揮する方法とは、必ずしも特別なことだけではありません。人は日常のささやかな行いによって、周囲に喜びの種をまいていくことができるのではないでしょうか。

徳を育てる

優れた道徳的能力を身につける手順とは

「世界のホンダ」の創業者として知られる本田宗一郎《ほんだそういちろう》氏（一九〇六〜一九九一）は、事業の成功について、

「何事も、一人ではどうにもならないのがこの世の中で、おそらく自分のエネルギーの何千倍、何万倍という協力者が必要だということだ。それを無視して成功なんかありっこないと私は思う。（中略）したがって、人間にとって大事なことは、その人に学問があるかだけではない。やはり他人から愛され、喜んで協力をしてもらえるような、徳をもった人間を育てることだと思う」（『青年諸君！』ＰＨＰ研究所刊）

と提言しています。

古くから「徳は孤《こ》ならず必ず隣《となり》あり」（『論語』）といわれ、徳を備えている人は決して孤立することなく、多くの人に親しまれているといわれています。また徳とは、私たちが道徳的な心づかいと行いを積み重ねることによって形づくられる、優れた道徳的能力といえ

ます。つまり、日常における心づかいと行いが、知らず知らずに私たちの人柄や徳を形づくっていくのです。

職場においても、お互いに喜びをもって働き、直接・間接にかかわる多くの人たちのことに思いを広げ、感謝して仕事に取り組みたいものです。

また、家庭と職場は相互に密接に関係しています。

職場の喜びや悩みが、そのまま家庭に反映します。そして、家庭が明るく楽しくなければ、職場においても仕事の能率に影響するし、周囲と明るく接することもなかなかできないものです。

職場で明るく生きがいをもって過ごす人は、家庭においても明るく楽しい生活を送れる人と言えるのではないでしょうか。

心の受信力を高めよう

人生百年時代を豊かに生き抜く秘訣とは

私たちは日常生活の中でさまざまな出来事に出会い、多くの物事を見聞きしています。同じものを見たとしても、人により、あるいはその時々の心の状態によって、受け止め方や感じ方に違いが生じます。野に咲く花を見て「美しい」と思う人もいれば、何かを思うこともなく通り過ぎてしまう人もいるでしょう。同様に、毎日の生活の中にある「小さなこと」に喜びを見いだしたり、思いやりの心をはたらかせたりできるかどうかも、一人ひとりの心次第なのではないでしょうか。

これは「心の受信力」の違いということができます。

同じものに出会ったとしても、「心の受信力」の違いによって、私たちは喜びを感じたり、感謝したり、時には悲しんだり、恨んだりするのではないでしょうか。すると、その次に起こす行動にも違いが生じます。そこでの言動は、周囲の人たちとの人間関係にも影響を及ぼすことでしょう。

一つ一つの出来事は、小さなことかもしれません。それを受けての自分自身の心の動きも、そこから生まれる言動も、些細なことかもしれません。しかし、それらの積み重ねこそが、私たちの人間性を形づくっていくのです。

「人生百年」といわれる現代ですが、その長い人生も、日々の「小さなこと」の積み重ねです。一つ一つをおろそかにしないことを意識し続けた結果は、年を経るほどに、私たちの人生に大きな違いを生んでいくのではないでしょうか。

「心の受信力」をよりよい方向にはたらかせて、暮らしの中の「小さなこと」をしっかりと受け止め、一日一日を大切に生きていきたいものです。

読むだけで人間力が高まる88話

令和5年5月10日　初版第1刷発行
令和5年8月8日　　　第2刷発行

編　者　「ニューモラル」仕事と生き方研究会
カバー&
本文デザイン　滝口博子（ホリディ計画）
発　行　公益財団法人モラロジー道徳教育財団
〒277-8654　千葉県柏市光ヶ丘2-1-1
電話　04-7173-3155
https:// www.moralogy.jp
発　売　学校法人廣池学園事業部
〒277-8686　千葉県柏市光ヶ丘2-1-1
電話　04-7173-3158
印　刷　精文堂印刷株式会社

ISBN978-4-89639-288-3